그리운 것들은 모두 풍경을 만든다

그리운 것들은 모두 풍경을 만든다

오경옥 제2수필집

토시출판 북매니저 Book Manager

작가의 말

벌써 오십 대 중반을 넘어서고 있습니다. 되돌아보니 지나온 모든 것들이 그립고 안타깝고 아쉽다는 생각이 듭니다. 세월이 많이 흐른 뒤에는 모든 것들이 그리운 풍경으로 다가오나 봅니다.

인생의 가을을 보내고 있습니다. 가을은 결실의 계절이기에 한 권의 수필집을 세상에 선보이려고 합니다. 물가에 내어놓은 어미의 심정으로 아직도 손길이 머물러야 하는 글들이 자꾸만 눈에 들어와 마음이 불편합니다.

쓰고자 하는 글이 원하는 대로 써지지 않을 때도 그런 것 같습니다. 그래서 글을 쓴다는 것은 고독한 작업이기도 하고 인고의 산물이기도 하나 봅니다.

출간을 할 수 있도록 인도해주신 하나님께 감사드리며 언제나 믿고 지지해준 가족들에게 고맙고 감사한 마음을 전합니다. 사랑합니다.

2020년 11월 중순 늦은 밤에

저자 오 경 옥

차례

제1부 골목 풍경으로 읽어보는 그리움의 스케치

제 2 부 그리운 것들은 모두 풍경을 만든다

제3부 세상 풍경 마주하기

제
4
부

영화로 읽어 보는 언어 풍경

제 **1** 부

골목 풍경으로 읽어보는 그리움의 스케치

OH KYUNG OK Essay

동행, 중년 부부로 산다는 것

이 년 전부터 특별한 일이 없으면 매주 토요일이면 남편과 등산을 하거나 축제장 같은 곳을 여행하곤 한다. 등산을 좋아하는 남편이 매주 일요일이면 산악회를 가고, 나 역시 일요일이면 교회를 가다보니 함께 보내는 시간을 토요일로 정하게 되었다.

그동안 아이들 키우며 주어진 삶에 밀려나 좋아하는 여행과 등산을 못하고 지냈다. 또한 앉아서 근무하는 일이 많다보니 허리둘레 사이즈가 조금씩 늘어났고 이대로 가다가는 건강의 적신호가 켜질 지도 모른다는 불안감이 엄습해왔기 때문이다.

목적지를 정하고 그곳의 지역적인 특징과 역사적인 문화를 하나하나 알아가는 재미와 그곳을 다니며 멋진 풍경을 사진에 담고 추억을 만드는 일이 여간 기쁘지가 않다.

또한 맑은 솔향기와 산 숲에서 느껴지는 흙이나 여러 종류의 나무와 풀냄새, 나뭇잎을 흔들거리는 산바람도 상쾌하니 좋고, 산그늘 아래 오솔길을 따라 걸으며 일상의 모든 것들을 잊고 온전히 나를 이해해주고 내 마음과 생각, 내 모든 정서를 읽을 수 있는 마음

편한 사람과 함께 동행한다는 것이 무엇보다 좋았다.

값비싼 도시락은 아니어도 봄이면 담가둔 산두릅과 취나물, 양파나 마늘짱아지 등 냉장고에 있는 밑반찬과 과일을 소박한 도시락으로 준비해서 산이나 야외에서 먹는 맛은 마치 학창시절에 소풍을 나온 것처럼 기분을 들뜨게 했다.

남편과 주말마다 함께 시간을 보내면서 이런 저런 집안이야기와 아이들 이야기, 직장과 주변에서 빚어진 크고 작은 이야기 등을 마음 터놓고 나누다보니 나이가 들수록 남편이 마음 편한 오래된 친구가 된 것 같은 생각이 든다. 한 해 두 해 미운 정 고운 정 서로에 대한 마음과 생각, 서로를 생각하는 감정들이 배우자에게 스며들고 물들여져 중년 부부에게서만이 우러나는 소금은 느긋하고 여유가 느껴지는 살아온 삶의 빛깔이나 향기 같은 것이 느껴진다.

중년부부로 산다는 것, 그것은 살아오면서 수없이 많은 크고 작은 인생의 고갯길을 같이 넘어왔고 또 같이 넘어가고 있다는 것을 의미한다. 아이들을 양육하고 가르치면서 자식들에 대한 부모의 마음과 심정을 같이 나누었고, 양가 집안의 대소사를 함께 지내면서 부모나 형제자매, 혹은 친척으로서의 예의를 갖추면서 삶의 기쁨과 슬픔을 함께 느꼈던 사람, 때로는 예기치 않는 사고나 병마로 위기와 절망 속에서 가슴을 졸이며 어렵고 힘든 고난의 길을 동행 했던 사람, 그렇게 가장 가깝고 소중한 가족인데도 삶이 실패나 좌절, 절망을 경험하며 격려와 위로를 하다가도 삶의 넋두리를 하소연하면서 마음에도 없는 상처를 주기도 하고 갈등과 방황 속에서 싸우기도 했던 사람, 그러면서도 서로의 좋고 싫음과 단점과 허물, 장점과 매력의 경계를 그 사람만의 상징으로 확실히 인정할 줄 아는 사람, 그런 사람들이 중년부부가 아닐까 싶다.

수많은 인생의 고갯길 중에서도 중년부부라는 인생의 고갯마루를 넘어가는 모습은 그동안 서로의 배우자에게 어떤 마음가짐으로 서로를 대해주며 살아왔는가에 따라 각양각색 천차만별일 수 있다. 이것은 비단 부나 명예, 학벌과 직업에 관계없이 삶과 현실에서 서로에 대한 인간 됨됨이가 거짓 없이 표출될 수 있는 계기가 오육십 대의 중년부부이기 때문이다.

어떤 밴드에서 읽었던 유머가 생각난다. 50대 여자에게 필요한 것 중 첫째는 돈이고, 둘째는 자식(딸)이며, 셋째는 건강이고, 넷째는 집이라고 한다. 그런데 필요 없는 한 가지가 있으니 그것이 곧 남편이란다. 반면에 50대 남자에게 필요한 것 중 첫째는 부인이요, 둘째는 아내이고, 셋째는 집사람이고, 넷째는 와이프이고 다섯째는 애들 엄마라고 한다니 현대사회의 왜곡된 가정의 모습을 풍자한 말이 아니고 무엇이겠는가.

나이를 먹은 중년부부에게 배우자만큼 소중한 사람은 없다. 아무리 사회적으로 성공한 훌륭한 자식을 두었다고 해도 나이 들어가는 남자에게 뿐만 아니라 나이든 여자에게도 배우자는 꼭 필요한 존재다.

특히나 자녀가 대학을 졸업했거나 결혼을 하고 남편이 퇴직이나 실업상태에 놓이게 되면 그 위기와 절정은 극에 다다를 수 있는 것이 황혼기의 중년부부이다. 하지만 더없이 편안하고 아름답고 멋지게 노후를 보낼 수 있는 것 또한 중년부부라고 생각한다.

중년부부들은 자식들 키우고 가르치고 먹고 사람답게 살기 위해서 소속된 삶의 일터에서 어렵고 힘들게 책임과 의무를 가지고 일을 해내고 견디면서 이삼십년을 살아왔다. 정년퇴직이나 은퇴, 혹은 실직이나 실업으로 서로를 마주할 시간이 많은 중년 부부(황혼

부부)는 서로가 무슨 일을 하면서 지혜롭게 잘 보낼 수 있는가를 집안의 경제적인 형편이나 가정의 환경적인 여러 사정, 서로의 건강상태나 취미, 관심사 등을 고려해볼 필요가 있다.

내일이 토요일이다. 가까운 완주 운암산을 갈 예정이다. 대아저수지가 내려다보이고 동성산과 멀리 대둔산까지 산능선 능선을 아우를 수 있는 운암산 정상에서 돗자리를 깔고 도시락을 먹을 것이다.

퇴근하면 내일 싸갈 도시락과 과일 몇 개, 생수와 남편이 좋아하는 막걸리를 사기 위해 마트에 들려볼 생각이다. 어린 아이처럼 마음이 설렌다.

인연(因緣)

사람은 태어나면서부터 인연을 맺기 시작한다. 부모와 자식이라는 혈연관계를 통해서 가족이나 친척이 형성되고, 거주한 집으로 이웃과 동네사람이 되며, 같은 학교를 다님으로써 친구나 선후배가 되고 동창회나 동문회 같은 학연이 만들어지며, 사회에서 다니는 직장으로 상사와 동료라는 조직구성원이 형성된다. 그 뿐만 아니라 디지털시대인 현대에는 스마트폰과 인터넷으로 맺은 카페나 블로그, 밴드, SNS나 카카오톡이나 카카오스토리의 친구나 이웃 등 수없이 많은 사이버 인연들을 맺으면서 소통의 정도나 차이에 따라 친밀한 지연관계를 형성하며 살아가게 된다.

첫 시집을 발간하고 난 후, 평소에 고맙고 감사했던 분들과 아는 지인이나 문인들에게 우편으로 시집을 보내드렸더니 고맙다는 편지나 엽서, 문자, 이메일 등 많은 분들이 격려와 응원의 메시지를 보내주었다.

대부분 한두 번 답장을 보내고 마는데 그 분은 날마다 이른 새벽이면 좋은 그림과 좋은 글, 좋은 음악을 곁들여서 메일을 보내주시는 것이었다. 몇 번 보내고 말겠지 했는데 날마다 메일이 와 있는 것을 보고는 나이 어린 후배 문인으로서 괜히 죄송스런 마음이 가득했다. 이제는 연로하셔서 당뇨 합병증 때문인지 황반변성으로 한 쪽 눈이 실명 위기로 병원 치료를 받고 계시면서도 그 날 읽으셨던 책 내용이나 인터넷게시판의 좋은 글들을 클래식 음악과 좋은 그림 등을 편집해서 새벽이면 날마다 4년째 보내주고 계신다. 참으로 고맙고 감사한 일이 아닐 수 없다. 그런데 이와 같은 일을 필자에게 뿐만 아니라 그 분 지인들에게도 똑같이 보내주고 계신다고 한다.

사실 그 분을 특별히 알고 있어서 나의 시집을 보내드린 것은 아니었다. 첫 시집을 발간한데다가 지역의 원로 문인이라서 문협 주소를 보고 인사차 보내드렸을 뿐 만나 뵌 적도 없었는데 생각할수록 참 고맙고 감사했다.

그런데 얼마 전 당분간 메일을 쉬겠다는 내용을 보내왔고 폐암 수술을 하기 위해 J병원에 입원했다는 메시지를 받게 되었다. 메시지를 본 순간 너무 놀라고 당황했다. 사무실 평가 문제로 많이 바쁜 상황이었는데도 고마운 그 분을 생각해서 어렵게 시간을 내어 병문안을 다녀왔다. 4년 전 메일을 받아본 후 처음으로 만나 뵙고 인사를 드리게 된 것이다.

사람들은 메일이나 카톡, 문자메시지 등을 자주 보내준 사람들은 시간도 많고 할 일도 없고 성격적으로 무엇인가 잘 보내주는 사람이라고 생각하는 경향이 있다. 나 역시 처음엔 그렇게 생각하는 사람 중에 한 사람이기도 했다. 하지만 그 분이 보내준 메일을 받아보면서 카톡이나 문자메시지를 보내준 사람과의 관계를 소중하게 생각하고 있고 늘 기억하고 있기 때문이다라는 것을 뒤늦게 깨닫게 되었다.

사람과 사람 사이의 인연(관계)은 필요에 따라 만드는 경우가 있는가하면 우연히 만들어지는 경우도 있다. 하지만 인연의 맺음과 그 관계의 유지나 단절은 대부분 한 개인의 생활방식과 삶에 임하는 태도나 자세가 생활습관과 함께 묻어나서 그 사람의 마음 씀씀이 같은 행위의 결과로 연계되어 기인하는 경우가 많다.

그 모든 일과 행위의 결과로 인해 좋거나 나쁜 상황으로 관계가 맺어지게 되면서 좋은 인연, 즉 선연이 되기도 하고 악연이 되기도 한다.

좋은 인연이란 시작보다도 끝이 좋은 인연이어야 한다. 우연하게 시작된 만남이 함께 보내는 시간과 사연을 반복하여 나눠가짐으로써 서로에게 필연적인 관계가 되어 더 발전적인 과정으로 나아가게 되는 것을 많이 본다.

그 발전적인 과정 속의 관계된 환경에 적응하기 위해 조화를 이루거나 융합하려는 노력과 타인에 대한 이해나 배려, 서로에 대해 존중해주려는 마음과 서로의 관계에 영향을 미치는 소통의 정도에 따라 그 관계의 지속여부가 결정이 되는 것 아닐까. 이것은 가족이나 친구, 연인, 이웃, 직장동료나 온·오프라인의 크고 작은 모임 및 사이버에서도 마찬가지일 것이다.

그 만큼 우리 인간은 태어나서 죽을 때까지 수많은 사람들을 서로의 필요에 의해서 만남으로써 결핍된 욕구를 공유하고 공감하고 정서적 지지를 충족함으로써 정과 사랑의 농도와 그 깊이를 더해가며 인연의 고리를 엮어간다.

의도적이든 우연이었든 나와 내 주변의 인연들, 혹은 나와 조그만한 사연을 나누어 가진 사람들은 최소한 65억 분의 1의 확률로 만난 인연들이다. 나를 중심으로 하여 필연이든 우연이든 혈연이나 학연 및 지연, 그리고 사이버 인연이라도 그 인연의 고리를 소중하게 대해야 할 것 같다.

법정스님의 글 중에 '함부로 인연을 맺지 말라'는 말이 있다. 즉, 진정한 인연과 스쳐가는 인연을 구분해서 인연을 맺어야 한다고 했다. 또한 그는 「좋은 인연을 맺은 법」이란 글에서 좋은 인연에는 첫째, 깊은 만남을 갖은 인연으로 혼과 혼, 마음과 마음, 생명과 생명, 인격과 인격이 서로 포용하는 깊은 만남이 중요하다고 했으며, 둘째로는 생산적이고 창조적인 인연으로 서로 만남으로써 자신도 진실해지고 상대방도 진실해져 함께 빛과 힘을 얻는 경우로 이런 만남 속에는 진솔한 감격이 있고, 정신적인 의지처가 있고, 삶의 보람이 있다고 했다. 마지막으로 행복한 인연에는 퇴계와 율곡의 만남, 부처님과 가십의 만남, 나와 부처님과의 만남, 소크라테스와 플라톤의 만남, 괴테와 실러의 만남, 예수와 베드로의 만남. 이러한 만남에는 영혼의 교류가 일어나고, 정신적인 충족감이 생기며, 종교의 혁명이 일어나고, 학문과 예술의 꽃이 핀다고 했다.

서로의 인연이 가치 있고 소중한 관계가 되기 위해서는 일방적인 관계가 아닌 상호교류여야 한다. 법정스님의 말처럼 혼과 혼, 마음과 마음, 생명과 생명, 인격과 인격이 만나는 생산적이고 창조적인 행복한 인연이어야 한다. 그러기 위해서는 서로 소통이 원활한 양방향의 커뮤니케이션이 잘 이루어진 관계가 아름답고 좋은 관계라고 생각 한다.

나에게 날마다 좋은 글과 좋은 음악, 좋은 그림으로 말없이 격려와 응원을 해주시고 무한 긍정과 정서적 지지를 해주어서 든든한 버팀목이 되어주셨던 그 분이 하루 빨리 치료를 잘 받으시고 건강하게 완쾌되시길 간절히 기도한다.

고군산군도의 비경, 아름다운 섬들을 품다

칠월이다. 바다가 생각나는 계절이다. 배낭에 간단한 도시락을 준비해서 남편과 함께 바다를 향해 길을 나섰다. 오 일째 내리 붓던 장맛비가 그쳐서인지 오랜만에 미세먼지도 없는 청아한 하늘을 볼 수 있어 몸과 마음이 상쾌했다.

비응도를 지나 야미도를 거쳐 신시도 주차장에 차를 주차하고 199봉에서 월영산과 대각산 그리고 신시도 일대를 구경하고 몽돌해변을 돌아 나오기로 했다. 이 코스는 평소 운동을 하지 않는 내가 산행하기에 안성맞춤인 높이이기에 남편이 나를 데리고 자주 가곤 했던 곳이다.

주차장에서 왼쪽 배수관문 쪽의 옹벽을 끼고 지그재그로 걷다보면 신시도 배수관문이 눈에 들어온다. 배수관문에서 품어져 나오는 하얀 물보라와 빠르게 흘러내려가는 물결이 시인 정지용의 표현을 빌리자면 푸른 도마뱀 떼 같이 뿔뿔이 달아나는 형상이다. 그 모습을 눈과 가슴에 담고 가볍게 걷다보면 높지 않아서 금새 199봉 정상에 오를 수 있다. 199봉 정상에서 바라본 고군산군도의 비경! 아름다운 섬들을 품은 그 모습은 경남 통영의 미륵산 정상에서 바라본 수없이 많은 크고 작은 섬들이 바다위에 펼쳐진 한려수도 일대만큼이나 아름다웠다. 시인 정지용과 백석도 통영의 바다를 보고 옛 그리움을 추억한 시와 수필을 많이 남겼지만 만약에 우리 군산의 신시도 199봉 정상에서 고군산군도의 모습을 바라보았더라면 그보다 훨씬 멋진 명시들을 많이 남겼을 것이다.

199봉을 내려와 바로 옆의 월영산을 향해 오르기 시작했다. 월영산을 오르다보면 마치 신이 칼로 바위를 정교하게 내리쳐놓은 것 같은 장엄한 기암괴석과 울창한 수목들을 만날 수 있다. 가을이 아니어서 월영단풍을 볼 수 없어 아쉬웠지만 최치원이 글을 읽었다는 월영봉 정상에 앉아 잠시 더위를 식히고 산길을 내려갔다. 곧 이어 고군산군도 연결 도로가 보이고 몽돌해변이 눈에 들어왔다. 몽돌 해변은 간조 때로 물이 많이 빠져 있어서 일단 대각산을 올라갔다가 내려와서 몽돌해변에서 쉬었다 가기로 했다.

여름에 대각산을 산행한다는 것은 용기와 의지가 필요하다. 왜냐하면 산은 높지 않으나 등산로에 나무가 없는데다가 뜨거운 뙤약볕과 기암괴석이 험준한 산세를 이루고 있어 그들과 승부를 겨루어야 하기 때문이다. 하지만 대각산과 전망대에 오르는 중간에 사방을 휘돌아보면 눈에 들어오는 고군산군도의 정경은 조금 전에 보았던 199봉에서 바라본 전경과는 비교가 안 될 만큼 놀라운 비경을 만날 수 있어 감탄을 자아내게 했다. 정상을 오르면서 고군산군도의 아름다운 풍경을 눈으로 마음으로 그리고 사진으로 남기기 위해 열심히 셔터를 눌렀다. 일찌감치 대각산 정상 전망대에서 땀을 식히며 기다리고 있는 남편은 그런 나를 보며 "내가 그럴 줄 알았다"라는 식의 표정을 지으며 물끄러미 바라보고 있었다.

탁 트인 전망대에서 한 눈에 조망할 수 있는 고군산군도! 서해인데도 동해 못지 않는 사파이어빛 바다 위에 펼쳐진 고군산군도를 품은 바다의 비경은 무더위에 고단하게 등산한 후덥지근함과 흘린 땀들을 한순간에 잊게 할 정도로 환상적인 바다풍경이었다. 그런 바다를 한참동안 넋 놓고 바라보고 있으니 유난히도 바다와 관련한 시를 많이 창작했던 정지용이 떠오른다. 충북 옥천 산골 출신의 시인 정지용! 그가 일본 경도를 오가면서 바라본 바다 풍경의 감회가 이러했을까 싶다. 정지용은 통영을 방문하고 그와 관련한 시와 산문을 여러 편 창작했다. 하지만 그가 통영을 방문하고 그와 관련한 산문을 창작했을 때는 중년의 일이니 그가 처음 바다를 보고 바다와 관련한 시를 창작했던 것은 부잣집 딸인 12살 동갑내기 송재숙과 결혼을 하고 가족들을 남겨두고 먼 바다 건너 일본으로 유학을 갔을 때였을 것이다. 그때 마주했던 망망한 바다를 바라본 심정과 감회가 아마도 보헤미안 같았으리라. 모던을 꿈꾸고 그 꿈을 승화하려고 애썼던 민감한 감수성의 소유자인 정지용은 그의 첫 시집인 『정지용시집』에 실린 89편의 시들 중 바다와 관련한 직·간접적인 시가 20여 편에 이른 것만 봐도 그가 바다를 얼마나 좋아하고 관심이 많았는가를 잘 알 수 있다.

물론 그에 초기 '바다시'라고 할 수 있는 연작시들이 후기에 '비로봉'이나 '백록담' 같은 '산수시' 로 시선이 이동하긴 하지만 대각산 정상에서 바다를 바라보니 바다에서 바라본 수평적·상승의 바다풍경과 많은 차이를 보였다. 전자는 산에서 바라본 수직적·하강의 바다풍경으로 바다와 하늘의 경계, 산과 바다의 경계, 바다 위의 섬들의 경계, 그리고 경계와 경계를 넘어 보이는 세계를 원시안으로 통합해서 아우르는 데가 있는데 후자는 망망한 대해로 인한 알 수 없는 미지의 세계에 대한 기대와 가슴 부품, 그리고 걱정 내지 불안 같은 것이 내재해 있는 것이다.

그랬던 그가 왜 보헤미안처럼 떠돌고 헤매이며 데카당스한 시적 주체로 '슬픈 인상화'를 바라보아야만 했을까. 그것은 아마도 그가 동지사(도시샤) 대학에서 유학생활을 하면서 보고 듣고 느끼고 생각했던 '식민지적 주체'로 조국의 고향 현실이 일본 제국주의라는 거대하게 근대화 된 문명 앞에서, 한없이 작게만 느껴졌던 것은 아니었을까. 자신의 힘으로는 나라와 집안의 주어진 상황이나 처지를 어떻게 시도할 수 없는 무기력한 존재임을 자각했을 때의 우울함이나 절망감, 혹은 그 애처로움 같은 것 말이다.

정지용이 초기시를 발표했던 당시 국내의 특수한 상황은 타자에 의해 강요된 근대의 문화를 이식받아야 하는 처지에 놓였으니, 그 데카당스하고 파노라마한 근대의 '풍경' 앞에서 '위축된 영혼의 분열'된 '시선'으로 관조해야만 하고 또한 '낯선 타자'로 슬픈 인상의 감정을 표방해야 했던 것은 어쩌면 당연한 표현이었는지도 모른다.

각설하고 우리는 전망대 주변 나무그늘에 돗자리를 깔고 멀리 선유도를 바라보며 싸온 도시락을 먹었다. 조촐한 도시락이지만 진수성찬이 부럽지 않는 행복이 느껴지는 맛이었다. 회화할 수 있는 모던한 부를 향유한 것은 아니지만 사랑하는 가족과 헤어지지 않고 서로를 의지하며 함께 등산도 하고 시가에서 힘을 얻어 또 일주일을 열심히 최선을 다해 살아간다는 것, 아마도 행복은 이처럼 소소하고 수수한 평범한 생활 속에 있는 것 아닐까. 정지용이 살았던 일제식민지 치하에 있지도 않고 나를 비롯한 가족과 주변사람들, 그리고 아름다운 고군산군도를 자주 등산할 수 있고, 나이 조국, 나의 나라가 있다는 것에 감사하며 올라왔던 길을 따라 몽돌해변으로 향했다.

몽돌해변에 다다르니 만조가 가까워져서 제법 물이 들어와 있었다. 부드럽고 단단하게 마모된 몽돌들 위로 밀물이 찰랑찰랑 작은 파도를 일으키며 하얀 포말을 흩뿌렸다. 어촌에서 온 어민 한 분이 정박된 어선을 이끌고 에메랄드빛 바다를 가르다 양식장 어망을 피하기 위해 둥그런 타원형을 그리며 리드미컬하게 방향을 튼다.

만들어가는 나, 그 멋과 아름다움

아들이 차를 사기 전에 한동안 내 차를 사용하여서 몇 달 동안 시내버스를 타고 출근을 하게 되었다. 오랜만에 시내버스를 타다 보니 요금이 얼마인지 버스 노선이 어디로 가는지 교통카드는 어떻게 발급받아 사용하는지를 몰라서 마치 이방인이 된 것 같은 느낌이 들었다. 그렇다고 내가 값비싼 차를 타고 다녔다는 것이 아니라 오랫동안 차를 가지고 다녀 버릇해서 최근에 버스를 타본 적이 없다보니 그런 것뿐이다.

버스회사에 전화를 걸어 버스노선과 시간을 알아두고 그 시간에 맞춰 출퇴근을 하게 되었다. 일주일 정도 날마다 같은 시간에 같은 번호의 버스를 타고 출퇴근을 하다 보니 버스 기사는 교대근무 때문인지 며칠에 한 번씩 만나게 되있지만 그 시간에 버스를 타는 사람들 대부분은 같은 사람들이 탄다는 것을 알게 되었다.

아침 출근길 버스는 구역전 시장의 비좁고 번잡한 거리를 언제나 지나가게 되었다. 그 거리는 파장이 되기 전까지 아침 시장을 보려는 사람들로 언제나 복잡하게 붐볐다. 그럴 때마다 시내버스

기사들의 성격은 필터 되지 않는 채 액면 그대로 노출되었다. 인내하지 못하는 성격이 날카롭고 예민한 거친 말과 행동, 경고음까지 울려대며 있는 그대로 성격이 드러나는 기사가 있는가 하면, 비상등을 켜놓고 돌출되게 주차된 차를 보거나 차도로 무거운 수레를 끌고 가는 모습을 봐도 버스를 정차 시켜놓고 안타깝고 그러면서도 느긋하게 기다려주는 버스기사도 있었다. 그런 기사는 보따리 가득 무거운 짐이나 새벽장사를 마치고 팔다 남은 생선대야를 잔뜩 싣고 버스에 타는 아주머니를 보면 기사가 먼저 차를 정차시켜놓고 재빠르게 물건을 받아 안으로 들여놓아주며 "어서 오세요~" 하고 반갑고 서글서글한 인사를 건네는 것이었다.

그런 기사를 보면 괜히 마음이 흐뭇해지고 뭉클해지면서 기분까지 좋아지는 것이었다.

그런데 버스로 출퇴근을 한 지 일주일쯤 되는 어느 날이었다. 아침 출근길이었는데 그 날도 같은 번호의 버스를 타고 십여 분쯤 가서 구시장 근처의 정거장에서 한 아주머니가 시장에서 구입한 무거운 짐을 가지고 버스에 탔던 모양이었다. 한 참 후,

"아줌마! 거 서서 왔다 갔다 하지 말고 자리에 앉아 있어요. 그렇게 왔다 갔다 하다가 넘어져서 다치면 누구한테 뒤집어씌우려고 그래?"

창밖 풍경에 시선을 주며 하루의 일상을 그려보고 있었던 나는 기사의 신경질적이며 반말 섞인 말투가 귀에 거슬려 소리 나는 쪽으로 시선을 돌리지 않을 수 없었다. 타고 있는 사람은 70대 초반쯤 되어 보이는 아주머니로 많은 짐을 버스 안쪽에 놔두고 버스비를 호주머니에서 꺼내 요금통에 막 넣으려고 했던 것이다. 버스요금을 낸 아주머니는 지갑을 가방에 넣으며 얼굴이 홍당무가 되어

무안하고 분한 마음을 애써 삭히면서 중얼중얼 하셨다. 십오 분쯤 가서 그 할머니가 내리려고 해서인지 일어서서 손잡이를 잡고 있었다.

“아줌마! 왜 자꾸 일어서서 있냐고? 다친다고? 넘어져서 다치면 어쩌려고 그래?”

“아, 내릴려고 혀요. 기사양반은 에미 애비도 없당가요? 어째 말이 반토막이여~.”

아주머니의 말을 듣고 룸미러에 비친 기사의 얼굴을 보니 아주머니는 기사의 어머니쯤 되어 보였다.

듣고 있던 내가 무안하고 창피해서 얼굴에 뜨거운 열기가 퍼지면서 붉어졌다.

말은 곧 그 사람이요 그 인격을 말해주는 척도이다. 우리가 상대방과 늘 주고받는 말, 그 발화된 말에서 묻어나는 억양의 고저나 장단은 분위기나 상황에 따라 상대방에게 나의 좋고 나쁜 의사나 감정을 고스란히 전달하게 된다. 따라서 그 발화된 말에는 화자의 기분에 따른 의사나 감정만이 전달되는 게 아닌 그 사람의 품격과 인성, 재치나 센스까지도 함께 담겨져서 전달되기도 한다. 이것은 높은 학식과 직책 같은 지위 여부를 떠나서 타인을 얼마만큼 배려하고 이해하는가의 본바탕이 되는 그 사람의 심성과 사람 됨됨이를 말해주는 것이다.

나는 나 자신 스스로가 만들어가는 것이다. 나의 외모, 나의 얼굴, 나의 이미지, 나의 인성, 나의 인격, 그리고 나의 인생까지도 나 자신이 어떠한 가치관을 가지고 어떤 선택을 하며, 그것에 대한 반응이 어떤 태도와 자세로 묻어나와 실천에 옮기며 살아가느냐에 따라 자신의 아름다움과 멋, 그 사람만의 품격 있는 인격과 좋은 이미지가 은은한 향기로 배어나오는 것 아닐까. 여기에 그 사람 얼굴의 미추나 외모를 꾸민 의상이나 액세서리의 고·저가의 유무, 권위를 말해주는 직함의 신분은 필요하지 않을 것이다.

버스가 멈추고 그 아주머니가 내렸다. 아주머니는 한동안 버스를 바라보며 혼잣말을 하는 모습이 백미러로 보였다.

"어서 오세요~"하며 반갑고 서글서글한 표정으로 차를 세우며 무거운 아주머니의 보따리를 받아 든 기사의 모습이 오버랩 되었다.

골목 풍경으로 읽어보는 그리움의 스케치

골목길에 들이서면 오래된 풍경을 읽을 수 있어 고향에 온 듯 편안함이 느껴져 참 좋다. 흑백사진 같은 낯익은 풍경 속에서 세월의 흐름과 그 흐름 속에 아련히 배어 있는 추억의 강을 찰방찰방 건너가 보게 하기 때문이다.

골목길은 집과 집, 담과 담, 한 가정의 이야기와 이웃 가정의 이야기가 혼재된 사잇길로써 담이나 벽, 창문을 넘어 넌지시 들려오는 크고 작은 삶의 소리, 때에 맞춰 풍겨오는 음식냄새, 집의 구조나 모습에서 그 가정의 행복한 삶의 모습이나 그 동네의 분위기를 짐작해보게 한다.

골목 안쪽으로 들어가면 왼쪽과 오른쪽 마주앉은 이웃집 방의 창문들이 돌아 앉아 여름이면 이쪽에서 저쪽으로 향하는 소통의 통로가 되기도 했다. 조무래기들의 낙서나 그림 같이 유치한 것들의 치기어린 감정이 발산됐던 골목길 토담이나 돌담에 기대어 여자애들은 숨바꼭질이며 무궁화 꽃이 피었습니다, 고무줄놀이, 사방치기, 공기놀이 등을 했고, 남자애들은 비석치기나 구슬치기, 자치기와 같은 놀이에 빠져서 해맑게 놀기 일쑤였다. 모두들 그들만이 통하는 재미나는 놀이나 또래들의 이야기로 시간가는 줄 모르고 놀았다.

아주머니나 할머니들은 때에 맞춰 해먹을 찬거리 준비나 식구들의 이야기로 허물없는 속내를 골목에 나와 털어놓기도 했다. 보일러 굴뚝에서 연기가 피어오르고 저녁 된장국이나 청국장, 고등어조림 같은 찌개냄새가 구수하게 식욕을 돋우고, TV나 악기소리, 가족들의 웃음소리, 아기울음 소리, 때로는 부부싸움 하는 소리 등 삶의 이런저런 소리와 냄새, 잊혀져가는 우리네 삶의 모습들이 공감각적으로 펴져 나오던 곳이 골목길 풍경이다.

해질녘이면 저녁 준비가 다 된 엄마가 "○○야, 밥 먹어라" 부르면 갯벌에서 만난 어린 게들이 구멍 난 게집으로 달려가듯 내일을 기약하며 각자 자기 집으로 뿔뿔이 흩어지곤 했던 골목길, 밤이 무르익은 저녁시간이면"메밀묵- 찹살떡-"하는 소리도 종종 들리곤 했다.

주황색 전구가 켜진 가로등 밤의 골목길은 마음으로만 바라보았던 이를 향한 애틋한 그리움과 기다림, 사랑하는 이를 바래다주고 이별하기 싫어했던 마음과 사랑의 추억들이 배어있었다.

사시사철 마당 빨랫줄에서는 빨래가 바람에 나부꼈고 장독대가 보였으며, 간혹 페인트나 회칠이 벗겨진 얼룩덜룩 곰팡이가 핀 담과 세월의 빗물에 녹이 슬어 산화된 붉은 빛을 냈던 특유의 오래된 철재 대문 여닫는 소리, 집과 집 사이에 미로처럼 비좁았던 그 골목길 풍경이 때론 그립다.

요즘 도시 골목길을 걸어가 보면 도시재개발과 도시재생사업으로 예전과 많이 다르게 현대화 되었다는 것을 느낄 수 있다. 높고 긴 담 벽 위에 능수화나 넝쿨장미, 목련, 소국 등이 계절마다 피어나고, 감이나 밤, 대추나무와 같은 화단의 유실수나 정원수들이 담 너머 탐스런 손을 내밀기도 한다.

차가 다닐 수 있는 넓어진 골목길이지만 집 앞마다 차들이 주차되어 있고 보도블록도 가지런히 정돈되어 깔려 있지만 높아진 건물마다 가스나 수도배관 같은 시설과 수많은 전선들이 거미줄처럼 퍼져나간 전봇대 밑에는 쓰레기봉투가 지지대처럼 세워져 있으며, 월세나 과외, 물건을 판다는 개인광고가 붙어 있다.

요즘은 도둑이나 강도와 같은 흉악범들이 무섭기도 하지만 집집마다 선풍기나 에어컨들이 준비되어 있고 어린 아이들이나 학생들은 학교나 학원을 다니느라 바쁘고 스마트폰이나 인터넷 사용으로 더 이상 골목에서 놀거나 집에 창문을 열어놓고 이웃과 소통하지 않는 삭막하고 무섭게 느껴지기까지 한 것 같아 씁쓸하고 아쉽다.

결혼 후 해망동에서 14년을 살았다. 해망동은 6.25때 피난민들이 바다를 생활의 터전으로 삼아 하루하루 삶을 일구며 살았던 곳이다. 그들은 그때부터 해망동의 토착민이 되어 그물을 짜고 배를 타고 바다에 나가 물고기를 잡고 갯벌에서 조개를 캐어 생계를 이어가던 어민들이 많이 살게 되었다. 그래서인지 해망동은 해안가를 타고 월명산 아래까지 축대를 끼고 켜켜이 골목에서 골목으로 이어진 이웃집들이 바위에 붙은 굴처럼 다닥다닥 붙어 살았다. 때때로 계단에서 계단으로 이어진 좁은 골목길에는 난간을 세워 추락의 위험과 안전을 도모하기도 했다. 그 난간 위나 담이 낮은 아랫집 지붕 위에는 볕이 좋은 날이면 이불을 널기도 하고 채반이나 그물망에 조기나 박대, 간재미, 물매기나 장대, 병치 같은 생선이나 고추 등을 말리기도 했으며, 가지나 호박을 썰어 말리거나 산나물

등을 삶아 말리기도 했다. 가끔씩 도둑고양이들이 지붕 위로 걸어 다니면서 그것들을 물어가기도 하였는데 그것을 본 집지키는 개들은 한 마리가 짖으면 이웃집 개들까지도 서로 통하는지 동네가 떠나갈 듯 짖어대다가 이내 잠잠해지곤 했다.

하지만 늦가을이면 해망동 산동네 사람들은 몹시 분주해졌다. 내륙지방이나 시내보다도 산동네는 유난히도 바닷바람에 더 추워서 겨울을 단단히 준비해야 했다. 겨울을 날 정도의 연탄(오육백장)이나 기름(여섯 드럼 정도)을 가족 친척들과 손수레를 빌려 나르기도 했고, 김장 배추를 나르기도 했다. 눈이 오는 겨울 골목길에는 누구랄 것도 없이 자기 집 앞 골목길을 쓸기 위해 애썼고 미끄럼을 막기 위해 연탄재를 깨서 뿌려놓기도 했다. 계단이 없는 내리막길에서는 개구쟁이들이 빈 포대로 미끄럼을 타다가 동네 노인들에게 야단을 맞기도 했으며, 슬레이트 처마 끝 지붕에 다래다래 달린 고드름을 하나씩 떼어서 베어물기도 하고 장난을 치기도 했다.

어렵고 힘들게 살았던 삶이었지만 가끔씩 옛 추억과 향수를 떠올리게 하는 덜 정비된 도시의 골목길을 걸어가면 그 곳이 생각나서 가슴이 뭉클해지곤 한다.

요즘은 하루가 다르게 고층 아파트들이 생기고 도시 건축양식의 발달로 그 지역 경제발달 상황과 문화예술의 다양성을 말해주고 있지만 아직도 지방의 중소도시의 변두리 지역은 과거와 현재가 공존하고 있으며, 전통과 모던이 뒤섞여 있어 그 지역의 문화나 그 지역사람들의 인간적인 풍미를 내 품고 있다.

그래서인지 골목길 풍경하면 위기철의 첫 장편소설인「아홉 살 인생」이 생각난다. 아홉 살 백여민을 중심으로 한 산동네 또래 아이들의 순수한 동심의 세계와 그 동네 사람들의 어렵고 힘들고 외로운 삶의 이야기를 통해 첫사랑이라는 것, 세상을 살아간다는 것, 그리고 사람들에 대해서 차츰 알아가게 된다는 이야기이다. 아홉 살 어린 아이의 시선으로 바라본 도시 변두리 지역의 후미진 가난한 사람들의 마음 아린 이야기가 동네 골목골목으로 퍼져오는 듯싶다.

또 하나의 영화 〈천국의 아이들〉이 생각난다. 사실 〈천국의 아이들〉은 골목길과 상관이 없을지 모른다. 하지만 이 영화는 이란영화지만 주인공들이 초등학생 남매로 한국의 70년대와 같은 우리나라의 도시 빈민촌의 가정생활 모습을 배경으로 하고 있어 중장년뿐만 아니라 어린 학생들에게도 따뜻한 가족애를 심어줄 수 있는 감동적인 영화이다. 엄마 심부름을 갔다 오다가 여동생 자라의 한 켤레 밖에 없는 신발을 잃어버리면서 오빠 알리는 자신의 낡고 오래된 신발을 교대로 신고 학교를 다니게 된다. 동생 자라가 오전반에 학교에 신고 가고 자라가 돌아오면 학교에 지각하지 않기 위해 알리는 다시 그 신발을 바꿔 신고 학교를 향해 골목길을 있는 힘껏 달려간다. 오빠 알리는 착하고 공부도 잘하고 모범생이지만 동생이 와야 학교를 갈 수 있기 때문에 매번 학교를 지각하여 선생님께 혼이 나곤 한다. 하지만 신발 한 켤레도 살 수 없는 가난한 가정형편을 잘 알기에 어린 두 남매는 부모에게 신발을 사달라는 말을 못한다. 우연히 자기의 신발을 신고 있는 아이를 발견하여 두 남매는 신발을 찾으러 그 집에 가지만 그 아이의 아버지가 맹인으로 어렵게 생활하고 있음을 알고 차마 신발을 돌려달라는 말도 못한 채 집으로 돌아오고 만다. 그 모습이 너무도 마음이 아파 차라리 내가라도 운동화를 사주고 싶을 정도였다. 그 후 어린이 마라톤대회에서 3등 상품으로 운동화가 걸린 것을 알고 알리는 동생 자라에게 새

운동화를 타주기 위해 빠르지도 늦지도 않게 오직 3등만을 위해서 달리고 또 달린다. 그러나 1등을 해버리는 바람에 운동화를 타지 못하게 되자 두 남매는 몹시 슬퍼하게 된다. 하지만 알리는 어떻게 해서든지 동생 자라의 운동화를 사주고 싶어서 부모의 집안일도 돕고 아버지와 낡은 자전거를 타고 위험한 고속도로를 달리고 골목길을 돌며 이집 저집 일을 해주고 돈을 벌기 시작한다. 열심히 일한 아빠와 알리는 품삯으로 생활용품을 사고 남매의 운동화를 사줌으로써 훈훈한 여운을 남기며 영화는 막을 내린다.

골목길, 골목길은 어렸을 적에 엄마가 해주셨던 익숙했던 입맛이 그리울 때나 고향 동네 또래들과 골목을 누비며 마음껏 놀았던 여러 놀이들이 생각날 때, 희미해진 그들의 이름과 얼굴들이 아른거려올 때, 혹은 문득 잊고 지냈던 오감의 촉수들이 한껏 부풀려질 때 걷게 된다. 그 골목 안의 정겨운 풍경은 먼 기억 속의 과거로부터 현재에 이르기까지 삶의 이런저런 모습들이 원근법적으로 살아있어 미적 구도에 놓이기 때문이다. 우리들의 삶의 소리, 자연을 닮은 이들의 해맑은 모습, 해질녘 어둠을 헤집고 뛰어 놀던 골목길을 열고 "○○아, 밥 먹어." 라고 부르셨던 어머니의 찰진 목소리……, 그 어머니의 앞섶 저고리 옷고름 같이 기인 먹먹함이 배어있는 골목길 속으로 애잔한 그리움이 울먹울먹 들리는 듯하다.

꿈꾸는 삶, 비상을 향한 아름다운 날개 짓

1. 나도 누군가에게 꿈과 소망을 줄 수 있다

그녀는 전화 한 통을 받았다. 모 중학교에 다니는 남학생이라고 했다. 그녀와 인터뷰를 좀 하고 싶다는 앳된 남학생의 목소리였다. 어떻게 그녀를 알고 전화를 하게 되었냐고 반문했더니 서점에서 그녀 시집을 구해 읽고 연락을 하게 되었다는 것이다. 순간, 그녀는 반갑고 기쁜 마음에 전율이 일었다. '나도 누군가에게 희망을 줄 수가 있고 꿈과 소망을 심어줄 수 있는 사람인가보다' 라는 생각에 기쁘기도 했다. 그러면서 어떤 사명감 같은 것이 느껴졌다. 그녀는 그 학생에게 메일 주소를 문자로 알려주었다. 그랬더니 이틀 후 이메일로 인터뷰 내용이 제법 구체적으로 적혀서 왔다. 시집을 쓰게 된 계기와 시인이 된 이유, 시집을 누구에게 추천하고 싶은시, 앞으로 어떤 책을 쓸 계획인지 등등…….

대게 꿈이나 목표는 필요나 결핍을 충족하고자 하는 욕구와 그 의지에서 비롯된다. 그녀 역시 자신의 이름 석 자 새겨진 책을 가져보고 싶은 욕구와 그럴 수 없는 환경적인 결핍이 작가가 되고 싶은 꿈을 가지게 했다.

2. 팔 할의 가난, 마중물을 만나다

그녀가 중학교 1학년 때였다. 그날은 꼭 육성회비를 가져가야만 했다. 그런데 남아선호 사상이 강했던 그녀의 어머니는 여자가 공부를 해서 뭐에 써 먹을 것이냐며 학교를 다니지 말라며 그녀의 책가방을 숨겨버렸다. 그녀는 울며불며 여기저기 씩씩대며 뛰어다니다가 간신히 빈 장독 속에서 책가방을 찾아냈다. 행여나 엄마 눈에 뛸 새라 책가방을 들고 학교를 향해 삼십육계 줄행랑을 쳤다. 수업을 받는 동안에도 집에 가면 엄마한테 혼날 생각이 아른거렸지만 그런 마음을 접어두고 도서관에서 책을 빌려 쉬는 시간마다 틈틈이 책을 읽었다. 엄마가 화났을 때는 엄마에게 더 잘 해드려야 한다는 것을 어린 나이였지만 생존과 실존 사이에서 터득했던 것이다. 그나마 학교가지 말라는 말을 덜 들으려면 학교 수업이 끝나자마자 십리가 넘는 길을 부지런히 달려가서 집 청소와 빨래를 해놓고 동네 우물을 길어서 저녁밥도 해놓고 숙제를 하고 있어야만 했다. 그녀는 정말 공부가 하고 싶었고 열심히 배우고 싶었다. 하지만 집안 형편은 메마른 황무지에 척박한 가시밭이어서 겨자씨처럼 작은 그녀의 꿈과 소망은 움을 틔우지 못하고 가슴 깊은 곳간에 묵혀 두어야만 했다.

그해 여름방학 때였다. 그녀는 고추밭에 풀을 메라는 엄마 말씀에 순종하려고 삼사십 분 들길을 걸어 밭으로 가서 풀을 메었다. 한여름 뙤약볕에 땀은 비 오듯 쏟아지고 허리도 아파 메어놓은 고추밭 이랑에 허리를 펴고 하늘을 향해 팔베개를 하고 누어버렸다. 구름 한 점 없이 너무도 맑고 파란 하늘이 눈에 들어왔다.

친구들은 방과 후에 친구들끼리 모여서 맛있는 군것질도 하고 수다도 떨고 놀면서 친구들끼리 추억과 끈끈한 우정을 만들며 느지막하게 집으로 돌아오는데 그녀는 그럴 여유를 부려보지 못했다. 그녀가 여유를 부려볼 수 있을 때는 날씨가 궂은 날 뿐이었다. 비가 오거나 눈이 오거나 태풍이 부는 기상악화의 날이었다. 그녀의 엄마도 아버지의 빈자리를 메우기 위해 날마다 일을 나갔으나 그런 날은 일을 가지 못하기 때문에 그녀가 마음 편히 책도 보고 공부도 할 수 있었으며, 친구들과도 놀 수 있었다. 생각할수록 맑은 슬픔이 맴도는 그녀의 삶이 한 권의 책으로 펼쳐놓은 듯 여름의 하늘은 투명하게 높고 파랗기만 했다. 그 때 산까치 한 마리가 힘차게 파란 창공을 유유히 날아가고 있는 모습에 시선이 꽂혔다. '나도 자유롭게 하늘을 날고 싶다'라는 생각이 심장을 더욱 빠르게 뛰게 했다.

어떤 유명한 시인은 자신을 키운 것은 팔 할의 바람이었다고 하고, 어떤 유명한 여류소설가는 자신을 키운 것은 팔 할의 상처였다고 한다. 그러나 그녀를 키운 것은 팔 할의 가난이었다고 생각한다. 아버지도 없이 많은 형제들 때문에 가난하게 살았기에 다른 사람보다 더 열심히 살아야 했고, 다른 사람들보다도 더 착하고 따뜻하게 살아야 했다.

어느 날 하굣길에서였다. 그녀의 지기가 그녀의 생일이라며 선물을 내밀었다. 뜯어보니 책이었다. 가슴이 먹먹하니 심장이 멈출 것만 같았다. 자신의 생일을 기억해주었다는 것만으로도 기뻤는데 자신이 제일 갖고 싶었던 『갈매기의 꿈』이라는 책을 선물로 받았다는 것에 눈물이 날 정도로 기뻤다. 리처드 바크의 조나단 리빙스턴 시걸이 힘차게 바다 위 창공을 날고 있는 모습은 그녀의 가슴을 두근거리게 하며 마구 방망이질을 하게 했다. 그때 그녀도 한 고랑 한 고랑 밭이랑의 풀을 메듯 한 줄 한 줄 그녀가 살아온 삶의 모습과 가슴 속의 절절한 이야기들을 글로 쓰고 싶다는 막연한 바람과 소망을 가지게 했다. 도서관에서 책을 빌려 읽을 때마다 '나도 이런 작가들처럼 글을 쓰고 싶다'는 간절함이 먹먹하게 가슴 언저리를 맴돌았다.

하루 온 종일 지치도록 일을 하고 돌아오신 어머니는 저녁 숟가락을 놓기가 바쁘게 주무셨다. 그녀는 어머니가 주무시면 마당 멍석에 누워 밤하늘을 우러렀다. 유난히도 반짝거리며 쏟아져 내릴 것 같은 별꽃들을 가슴으로 안으며 별꽃들의 반짝거림과 그 이름들을 헤아리며 홀로 상상 속의 꿈을 그려보았다. 어찌할 수 없는 그녀에게 주어진 삶을 스스로 인정하고 위로하면서 글을 쓰는 작가가 되고 싶은 꽃씨 같은 꿈과 소망, 그 먼 별 같은 꿈을 낮에 학교 도서관에서 빌려온 책을 읽으며 가슴속으로만 키워나갔다. 그녀는 한참 공부를 하고 성장해야만 하는 많은 형제들과 어려운 가정형편, 그런 무거운 짐을 홀로 짊어진 어머니를 도와드려야한다는 생각이 그녀의 희망과 꿈의 발목을 붙들어 놓을 것만 같아 불안하고 우울하니 괴로웠다. 그럴 때마다 그녀에게 『갈매기의 꿈』을 선물해준 시골교회를 같이 다녔던 그 친구는 『갈매기의 꿈』의 치앙이나 『데미안』의 막스 데미안, 혹은 『나의 라임 오렌지나무』의 뽀르뚜가와 같이 그녀를 위로해주고 마음을 헤아려주며, 그녀에게 정신적인 성장과 성숙을 위해 많은 이야기를 해주었던 참다운 벗이었다.

하지만 가정형편 상 중학교를 졸업하고 고등학교를 타지역에서 다녀야만 했던 그녀와 그 친구는 서로 헤어져 지내야 했다. 가족들과 친구들의 그리움을 나무의 나이테처럼 가슴에 새기며 타지역에서 사귄 친구들과 기숙사생활, 방송반 활동을 하고 문예반 활동을 하면서 나름 보람 있게 고등학교 시절을 보냈다. 그때 그녀에게 마중물 역할을 해준 사람이 여고시절 국어선생님이었다.

그때는 고등학생이었는데도 국어선생님이 일기장 검사를 했다. 감수성이 예민한데다 사춘기였던 그녀는 마음속 하고픈 이야기들을 일기장에 한 장 한 장 풀어놓았다. 다른 아이들의 일기장은 날짜별로 한쪽씩 써진 반면 그녀의 일기장은 몇 장씩 이어진 것을 보고 어느 때부터인가는 국어 선생님께서 그녀의 일기장을 아예 확인도 하지 않을 정도로 그녀를 믿어주셨다.

고등학교 2학년 봄이었다. 벚꽃이 화사하게 핀 어느 날, 국어선생님께서 시내에서 백일장이 열린다며 문예반 아이들과 함께 백일장에 참석하라고 했다. 그녀는 「아카시아 향기」라는 제목으로 산문을 썼는데 그녀가 학생부에서 장원을 했다. 학교 교내 게시판에 그녀의 장원 소식이 게시되었고, 모 라디오방송국에 게스트로 출연요청이 왔다. 인터뷰를 들은 교장선생님과 여러 선생님들이 칭찬을 해주셨다. 그때 국어 선생님께서 그녀에게 '글을 잘 쓰니까 나중에 훌륭한 작가가 되었으면 좋겠다'라고 말씀을 하셨다. 그 말씀은 그녀의 삶의 지표에 이정표로써 걸어 가야할 방향을 확실히 제시해준 것이었다.

3. 오랫동안 꿈을 그리는 사람은 그 꿈을 닮아간다

'오랫동안 꿈을 그리는 사람은 마침내 그 꿈을 닮아간다'고 한다. 그녀 역시 당시는 개인적으로나 가정적으로 그 꿈을 실현할 수 있는 상황은 아니었지만 아이들을 키우고 그 아이들이 어느 정도 자랐을 무렵, 그동안 마음속으로만 그려보았던 꿈의 씨앗을 꽃피워 보고 싶었다. 단단히 접혀진 그녀의 날개를 조심스럽게 펼쳐 날아보고 싶었다. 책이나 글쓰기와 관련된 것이면 늘 관심을 가졌고, 우연히 백일장의 플래카드를 보고 행사에 참석을 했으며, 수상을 하게 되었고, 문학 활동을 하며 등단도 하고 한 편씩 문예지에 발표했던 글들을 모아 그녀의 이름 석 자 새겨진 시집과 수필집, 평론집을 발간하며 그녀의 꿈을 하나하나 실현하게 되었다.

월트 디즈니는 '모든 꿈은 이루어진다. 우리가 그 꿈을 향한 용기만 가지고 있다면'이라고 했고, 괴테는 '꿈을 지녀라. 그러면 어려운 현실을 이길 수 있다. 꿈을 계속 간직하고 있으면 반드시 실현할 때가 온다' 라고 했다. 마틴 루터 킹은 언젠가 흑인들도 백인들과 같이 같은 공간에서 같은 시간을 보내며 인간다운 대접을 받고 살도록 투표권을 가지기 위해 열심히 기도하면서 꿈을 가지고 살 것을 연설했다.

우리도 언젠가는 꿈과 소망이 이루어질 것을 믿고 자신의 그 멋진 꿈을 위해 작은 것부터 계획하고 준비하며 실천에 옮겨보면 어떨까. 모든 것은 꿈꾸는 삶속에서 비롯되며 그 꿈을 이루기 위해 일단 실천에 옮겨보는 것이다. 그 과정에서 오는 시련이든 실패든 그 어떤 경험은 아름다운 비상을 향한 날개 짓이기 때문이다.

그녀의 시집을 읽고 꿈과 소망을 꿈꿔보는 중학생의 다부진 목소리가 낭랑하게 들려오는 듯하다.

일기를 쓴다는 것

가끔, 가슴속을 탁 털어놓고 싶은 속 깊은 친구를 갖고 싶을 때가 있다. 마음이 울적할 때나 가슴이 답답할 때, 부담 없이 찾아가서 속내를 이야기 할 수 있는 그런 친구가 그리울 때가 있다. 그래서인지 그럴 때는 주로 일기를 쓰게 된다.

일기는 그날의 마음과 기분에 따라 생각과 감정이 마음속 글의 화폭으로 펼쳐지게 된다. 스트레스를 해소하고 휴식과 안식을 제공해주는 안락한 쉼터처럼 일기장을 펼치고 마주 앉아 마음을 풀어놓고 글을 쓴다는 것은 자신의 마음의 상처를 치유하고 정화시켜 좀 더 깊이 있는 인간됨으로 안내하는 것이며 성찰하는 기회가 된다.

그래서 일기는 생각만 해도 마음 든든한 속 깊은 지기가 된다. 속상한 일이 있어 마음이 울적할 때나 혼자 있고 싶을 때, 시간가는 줄 모르고 허물없이 속내를 털어놓게 된다. 마치 즐비하게 세워진 가로수를 바라보며 길을 걷는 느낌이라고 할까. 새삼 거리의 가로수를 바라보며 계절의 감각도 느껴보기도 하고 내 인생의 계절도 생각해 보는 것이다. 그러다가 평소에 눈 여겨 두지 않았던 인도블록 무늬와 그 끝도 헤아려 보면서, 미처 마음 두지 못했던 사람들이나 무심하게 대했던 이들은 없었는지 떠올려 보게 된다. 항상 시간을 아껴야 한다는 강박증 때문에 주변의 소중한 것들을 놓치고 산 것은 아닌지 깊은 반성도 하면서 삶의 진정한 의미도 되새겨 보는 것이다.

기쁜 일이 있어 일기를 쓸 때면 온 산하를 붉게 물들인 가을 산을 산행하는 것처럼 즐겁다. 비탈진 산길을 따라 정상에 올라온 기분이라고나 할까. 탁 트인 풍경에 굽이굽이 산 능선의 원근에 따라 산 빛깔의 농담이 다른 장대한 모습을 바라본다는 것은 얼마나 가슴 부푼 일인가.

그래서인지 일기를 쓰고 나면, 여름 내내 묵혀온 마음이 말갛게 우려낸 가을 하늘처럼 푸르러진다. 가슴속에 꾹꾹 눌려진 말들이 가을 들길도 만들고 환하게 핀 코스모스를 보면서 마음도 환하게 피어나게 된다. 가슴속의 이야기를 다 들어주고 함께 공감해주고 교통정리를 하듯 현명한 방법으로 삶의 가르마를 타주는 진실한 친구, 그 상황에서 자신의 언행을 되돌아보고 타인의 입장에서 서 보는 과정을 통해 사상과 감정이 여과되어 서로 이해하고 더불어 공존하는 삶과 순리를 깨닫게 된다.

그래서인지 일기장 한 장 한 장을 넘겨보면 내 주변의 삶들이 따뜻한 차 한 잔 들며 창밖을 바라보는 것처럼 지난 일들이 환히 떠오르게 된다.

내가 가지고 있는 맨 처음의 일기는 초등학교 5학년 때 것부터 있다. 빛바랜 노트의 디자인이나 색깔, 또는 그 질감이 투박해서 그 시대의 생활이 이것저것 떠오른다. 적혀진 글씨 또한 쓴 날의 기분과 감정에 따라 달라서 글씨만 보고도 그날의 기분이 어떠했을지 짐작해보게 된다. 잘 생각나지 않는 그 때의 일기를 보고 이런 일도 있었나 생각도 해보고 소꿉놀이 같기만 한 일을 가지고 삐지고 토라져 한동안 말도 안 했던 추억이 새삼 떠올라 얼굴에 미소가 머문다. 누렇게 색이 바랜 그 일기장을 보고서 그 친구들은 지금 어떤 모습으로 삶을 살아가고 있을까 궁금해지기도 하고 한없이 그리워져서 눈가를 적시기도 한다. 언제 어디서 만나든지 보기 좋은 모습으로, 색 바래지 않는 순수한 마음으로 다시 만나고 싶다.

사춘기 때의 일기장을 펼쳐보면 또래 남학생을 짝사랑했던 나름의 고뇌한 흔적들이 물안개처럼 희미했던 옛 추억을 떠올리게 한다. 그 성장의 아픔은 나를 더욱 성숙시켰고, 기다림이 무언지, 그리움이 무언지, 그리고 사랑이 무언지도 조금은 눈뜨게 했던 것 같다. 수줍음 잘 타고 숫기가 없어 마음도 표현 못하고 멀리서 바라만 보아야 했던 가슴 시린 그 때 그 마음, 지금은 타인의 남편이 되어 멋진 아빠가 되었을 사람이지만 진정 행복하게 잘 살아가길 기도해본다.

결혼 후의 일기는 가끔씩 시어머니를 모시고 살면서 나름 힘들었던 삶의 애환과 아들들을 키우면서 친정어머니 마음을 조금은 이해할 것 같은 심정, 남편과의 사소한 것으로 마음을 열지 못했던 부끄러운 마음도, 그리고 직장에서 동료나 상사와의 관계에서 오는 애로점들이 서리 맞은 단풍잎처럼 아름답게 물들어 있다.

이렇듯 일기는 작게는 개인의 역사요 크게는 그 나라의 역사 기록물이 되기도 한다. 제2차 세계 대전 때 독일군의 유태인 탄압 정책으로 은신처에 숨어 지내다가 안타깝게 생을 마감한 12살 안네 프랑크가 쓴『안네의 일기』와 7년간의 임진왜란 중에 일어난 전쟁경험을 기록한 『난중일기』, 항해하던 배가 난파되어 무인도에서 하루하루의 삶을 기록한 로빈슨 크루소의 일기, 항일독립운동의 최전선에서 생사를 기약할 수 없어 두 아들에게 유서 대신 민족의 독립운동에 대한 경륜과 소회를 기록한 『백범일지』, 계축년 궁중의 비사(인목대비 폐비사건과 인조반정 뒤의 일)를 한 궁녀가 수필 형식으로 쓴『계축일기』, 다양한 궁중풍속과 사도세자의 죽음 등 왕실의 비사(祕史)를 다룬 혜경궁홍씨의 일기인 『한중록』, 조선후기 실학자인 박지원의 연행기인 『열하일기』, 조선후기 임금들의 일기인 『일성록』이나 조선왕조 승정원에서의 모든 일들을 꼼꼼히 기록한 『승정원일기』등도 많은 세월이 흐른 지금, 그 시대의 나라 상황과 사회생활 등을 이해할 수 있는 역사의 소중한 보물, 그 시대의 기록물이 되지 않았던가.

현대에 이르러서도 작년에 대통령직에서 물러난 미국의 버락 오바마의 일기쓰기는 아주 유명하다. 또한 연세대 철학박사인 김형석 교수도 하루 일과 중 마지막 일은 일기쓰기라고 했다. 매일은 아니어도 일기를 꾸준하게 쓰다보면 글쓰기도 잘 할 수 있다. 그만큼 일기쓰기는 글쓰기를 잘할 수 있는 계기가 된다.

요즘에는 일기를 굳이 일기장에만 쓰지 않는다. 컴퓨터나 태플릿, 스마트폰 등을 통해서 시공을 초월하여 순간순간의 인상 깊었던 일들과 느낌들을 사진이나 음악, 동영상까지 곁들여 풍부하게 만들 수 있다. 일기라는 장르를 넘어 인터넷 게시판이나 블로그, 카페나 밴드, SNS의 운용처럼 소통의 통로로 활용할 수 있기 때문이다.

삶의 희로애락을 추억으로 남기고 그리움을 떠올리며 일기를 쓴다는 것은 강은교가 말한 지란지교나 지기지우와 정다운 담소를 나눈 것과 같다. 마음속 글의 화폭에 아름답고 따뜻한 우리들 삶의 이야기나 가끔씩 버겁게 느껴지는 힘든 이야기도 마주앉은 벗에게 속내를 털어놓듯 일기 속에 풀어놓다 보면 이성과 감성의 여과된 자아를 갖게 되고 타자에 대한 너그러운 이해로 다가오는 내일의 삶은 오늘보다는 좀 더 성숙되어 있지 않을까. 그러한 지속적인 생활화가 유산으로 남겨질 때 개인의 역사요 나라의 역사가 될 것이기 때문이다.

그러므로 일기를 쓴다는 것은 나와 내 안의 자아, 고백적인 심리적 자아와 만나는 것이고, 나와 내 밖의 타자, 상대적인 관계의 타자와 만나는 것이며, 그것을 통해 더 큰 우리라는 공동체적인 이해를 바라보는 것이다.

추석 풍경

1. 추석 풍경

올해는(2017년) 유례없이 추석 연휴가 열흘이나 되는데다가 추석연휴 3일 동안 고속도로 통행료를 면제해주어서인지 많은 사람들의 이동이 잦았다. 다른 명절보다도 이번 추석에는 해외여행을 떠난 이들이 많았고 국내에 남아있는 사람들도 고향을 찾기 위해 고속도로를 이용하는 차량들로 도로는 주차장을 방불케 했다. 고향을 찾아 연로한 부모님을 찾아뵙고 친척이나 고향 사람들과 친구들을 오랜만에 만난다는 것은 참으로 의미 있는 일이기 때문이다.

나도 추석날 가족들 먹을 음식과 고향을 찾아 시골에 혼자 계신 어머님을 찾아뵙고자 연휴 전날 새벽시장에 들러 조기와 박대, 꽃게, 홍어 등 생선과 과일, 나물들을 사서 하나하나 정성껏 추석 음식을 준비해놓았다.

우리 집은 남편이 외아들에 시어머님을 모시고 살다가 어머님이 돌아가셨기에 추석날 차례를 지내고 설거지며 뒷정리를 끝내고 점심을 먹은 뒤 시부모님 산소에 들려 성묘를 하고 바로 친정으로 향한다. 시누이가 군산에 두 명 살지만 작은 시누이는 두 아들이 서울에 사는데다가 작은 아들의 아이들이 어려서 역귀성을 하고 큰 시누이 가족들도 명절 전날 저녁에 오고 가기 때문이다.

팔순을 넘은 친정어머니께서 치아가 부실하고 무릎 관절이 안 좋은 관계로 축산물 가게에 들려 우족 두 개와 사골을 사고 용돈을 준비해서 고향으로 향했다.

언제나 고향을 향한 마음은 가을 들녘에서 만난 코스모스와 쑥부쟁이, 구절초, 들국화를 만난 것처럼 발걸음이 가볍고 마음이 설렌다. 오랜만에 뵙는 어머니와 형제들, 볼 때마다 쑥쑥 커가는 조카들을 보고 웃음꽃을 피우는 것은 즐겁고 기쁜 일이기 때문이다.

친정집에 도착하자마자 큰올케가 공무원을 준비하는 아들과 직장 일 때문에 가야한다고 서둘러 집을 나가는 모습에서 무척 아쉬움이 들었다. 반 년 사이에 친정어머니는 머리가 구절초처럼 하얗게 피었고 살은 조금 빠진 듯 여위어보였다. 한참 이런저런 이야기꽃을 피우다보니 멀리 포천에서 큰언니가 왔다.

저녁을 먹고 난 후 목회자를 꿈꾸는 남동생 가족들은 남원에 있는 교회로 수요예배를 드리러 나가고 큰언니와 나는 집안 구석구석을 치우기로 했다. 주방 냉장고부터 각 방과 화장실까지 쌓아놓은 물건들을 정리하며 청소를 했다. 팔순을 넘은 노모께서 논과 밭을 오가며 들일에 바쁘다보니 집안청소를 하고 살기가 쉽지 않았을 것이다. 명절 음식 준비하고 설거지 등으로 피곤한데다가 친정에 와서까지 일을 하다보니 몸이 천근만근 무겁고 피로가 몰려와서 밤새도록 어머니와 언니들과 이런저런 이야기들을 하려고 했던 꿈은 수포로 끝나고 모두들 곯아 떨어져 잠이 들었다.

'댕~댕~댕~'매 시간마다 울려대는 벽시계 소리 때문에 어느 순간 눈이 떠졌다. 핸드폰 시계를 보니 아직 네 시인데 어머니께서는 벌써 일어나셔서 주방과 다용도실을 오가며 쌀을 안쳐놓고 가스렌즈에 국을 끓이고 있었다.

"엄마, 밥통에 밥도 잔뜩 있고, 반찬도 많으니 그냥 먹으면 되는데 새벽부터 일어나셔서 그런데……."

"정읍 간다며? 서둘러야 길 안 막히제……."

내가 형제들에게 모처럼 긴 명절 연휴니까 어머니 모시고 정읍 구절초 축제에 가자고 했더니 소풍을 앞둔 아이처럼 기분이 들떴는지 새벽부터 일어나서 분주하게 움직이셨던 것이다. 우리 딸들이야 이해하지만 결혼한 지 오년 남짓한 작은 올케는 시어머니가 새벽부터 부산하게 왔다 갔다 하며 주방에서 달그락거리는 소리가 들리면 마음 편히 잠을 못 잘 것이다.

큰언니와 내가 일어나서 이런저런 말을 하자 그 말소리에 오빠도 잠에서 깼는지 방문을 열고 나왔고, 얼마 후 남동생 내외도 인사를 하며 나왔다. 모두들 합심하여 아침상을 차려 맛있게 먹고 뒷정리를 끝내고 정읍을 향해 즐거운 마음으로 출발했다.

2. 가족나들이

정읍 구절초 축제는 두 번째 오게 되었는데 올 때마다 주차장이 만 차이다. 간신히 주차장 끝에 주차를 하고 입장권을 끊었다. 이년 사이에 입장권은 오천 원으로 올라 있었고, 행사장 입구에는 입주문도 세워져 있었다. 친정어머니와 큰언니는 관절염 때문에 다리가 아파 입구에서 전기자동차를 타고 올라가셨고 나머지 형제들은 진입로를 걸어가면서 만발한 구절초와 여러 가을꽃들을 배경으로 사진을 찍으면서 구절초에 대한 이야기를 정답게 나누었다. 구절초의 꽃말 중에는 '어머니의 사랑'이라는 뜻이 담겨있다고 한다. 그동안 많은 자식들 키우느라 온갖 고생 다하며 험난한 인생을 살아오셨지만 그래도 아직은 농사일이라도 하실 수 있을 정도로 건강하시고 이렇게 자식들과 나들이라도 나오실 수 있으니 얼마나 감사하고 다행인지 모른다.

전기자동차에서 내린 노모와 언니를 만나 소나무와 구절초 꽃들이 어우러진 솔숲을 걸으면서 모처럼 그것들을 배경으로 가족사진을 찍었다. 노모의 팔순잔치 때 가족사진을 찍은 후 두 번째다.

산 하나가 눈이 온 듯 하얀 구절초 꽃으로 환한 모습을 보고 어머니는

"팔공산만 사람이 많은 줄 알았더니 여기는 거기보다 더 많구나"

하시며 모처럼 다 큰 자식들과 나들이를 나오니까 마냥 좋으신가보다.

솔숲을 걸을 때마다 솔향기와 구절초 향기가 은은하게 퍼져서 기분을 상쾌하고 즐겁게 환기시켰다. 산에서 내려온 평지에는 코스모스와 해바라기 꽃들이 만개하여 추석연휴로 가족들끼리 나들이 나온 인파와 꽃물결로 축제의 장을 이루었다.

3. 노모의 아들바라기, 페미니즘을 불러일으키다

조선의 유교사상은 여자들에게 그릇된 악습을 시대의 유산으로 남겼다. 고향 시골 동네 역시 아직도 유교사상의 잔재가 어른들의 생활

습관과 무의식 속에 남아 있다. 그 중 남아선호 사상은 그 집안의 딸들에게 남녀차별을 너머 가슴에 서운함과 서러움을 가지게 했다.

마흔 살에 혼자되신 친정어머니께서는 우리 칠남매를 키우고 가르치다보니 육체적으로나 정신적으로 고생을 많이 하셨다. 그러니 오빠나 남동생을 아들이지만 남편처럼 집안의 든든한 기둥으로 의지하고 살았다. 그랬으니 이해가 안 가는 것은 아니다. 사실 딸들보다도 아들들이 어머니께 매달 보내주는 용돈도 많이 보내드리는 것은 사실이다. 하지만 아들들과 딸들에게 대해주는 비교된 차별에 서운한 마음이 드는 것은 어쩔 수 없다. 시대가 많이 변했고 어머니도 여자이면서 왜 아직도 아들들만 바라기 하시는지 알 수가 없다.

이틀 밤을 친정에서 보내고 각자의 집으로 간다고 하니 친정어머니께서는 이것저것 보따리마다 가득 싸신다. 가지고 있는 것들을 다 내어주어도 아깝지 않게 승용차 트렁크가 가득 차도록 여러 종류의 밑반찬들과 참깨, 참기름, 들기름, 땅콩, 떡, 과일 등을 실어주신다. 심지어 내가 어머니 드시라고 사가지고 간 박대며 조기까지 두 아들들 차에 나누어 실어준다. 시장에서 얼마 안 주면 사 먹는 것이지만 내가 어머니 드시라고 사다드린 것을 두 아들들에게 나누어준 것을 보자 은근히 속상하고 서운했다. 오빠를 준 것이 아까워서가 아니다. 무의식적으로 아들과 딸을 차별하는 어머니의 아들 사랑에 서운한 마음이든 것은 어쩔 수 없는 딸들의 감정이다. 오빠와 남동생 것을 챙겨준 다음 나머지 것으로 셋 딸들의 것을 공평하게 나누어준다.

우리 형제들은 각자 다음 설날을 기약하며 어머니께 인사를 드리고 아쉬운 작별을 하며 각자의 집으로 향했다. 돌아오는 길가에 구절초와 쑥부쟁이, 들국화들이 지나가는 차들에 의해 한들한들 흔들거리는 모습이 마치 어머니가 우리를 배웅하는 손짓처럼 아른거렸다.

노을 지는 모습이 아름다워야 하는 이유

저녁 하늘이 붉은 장미 빛으로 아름답게 물들어 가고 있다. 그런데 아름다운 노을빛을 먹구름으로 가린 듯 혼란한 아쉬움이 머릿속에서 자꾸만 맴돈다. 화단의 꽃들을 둘러본다. 한 그루 금빛 장미가 눈에 들어온다. 침묵을 지키고 있는 장미가 왠지 안쓰럽다는 생각이 든다.

사실 그 장미는 우리 집 밑에서 사시던 할머니가 이사를 가면서 마지막 선물로 주신 것이다. 그 할머니는 우리 시어머니와 친한 친구처럼 잘 지내셨고, 누구보다도 우리에게 잘 해주셨다. 그렇기 때문에 그 장미를 보고 있노라면 그 할머니 생각에 가슴이 아프다.

뜻밖에 그 큰집을 팔고 이사를 간 것도 사실 우리들은 이해가 잘 안 되었다. 하지만 기가 막히도록 마음이 아픈 사람은 당사자인 할머니였을 것이다.

예전에 그 할머니네 집은 동네에서 제일가는 부잣집이었다. 옷이나 생활용품을 구입해도 언제나 브랜드만 샀고, 사람을 사귀어도 생활이 윤택해 보이는 사람들만 상대했다. 고희를 넘기고 팔순이 다 되어 가면서도 곱게 화장을 하고 손톱엔 언제나 분홍빛 매니큐어가 예쁘게 발라져 있었다. 귀와 목에는 고급스런 옷에 맞는 부티 나는 액세서리가 언제나 잘 어울리게 장식을 하고 다녔던 멋쟁이 할머니였다.

그런데 그 할머니의 구구한 인생 때문이었을까. 우리 집 화단에 장미가 곱게 화장한 얼굴 사이사이로 파고든 주름처럼 애처롭게 누렇게 보였다.

할머니에게 자식들은 혹 같은 존재였던 것 같다. 큰아들은 직장에서 일하다가 오른팔을 잃어 쉰 살이 다 되도록 홀아비이고, 작은 아들은 술주정꾼이었고, 막내아들마저도 벌써 세 번째 아내와 살고 있다. 두 번째 아내와 동거 때에 사업 문제로 집을 저당 잡혀 결국 집을 넘겨줘야 하는 일이 일어나고 말았던 것이다.

이사 가던 날, 자질구레한 짐들을 다 나누어주고도 오 톤 트럭으로 세 번을 옮겨야 할 정도로 큰 집 살림이었다. 그런데 지금은 전세도 아닌 월세방에서 한 여름에도 문도 안 열어 놓고 사신다고 하니 정말 안타깝기 그지없다.

더욱 얄미운 것은 그 할머니의 자식들이다. 창피해서인지 아니면 직장 때문에 바빠서인지 삼 형제나 되는 아들들이 이사 가던 날 얼굴 한번 내밀지 않았다. 마지막 짐을 다 실어 놓고 할머니가 막차에 오르려 할 때, 나는 얼마 안 되는 돈이지만 이사 가서 필요한 것 사시라고 주머니에 돈을 넣어 드렸다.

할머니는 이미 눈시울이 붉어져 있었다. 땀에 젖은 손수건으로 눈물을 훔치시는 할머니를 보며 나도 기어이 눈물을 흘리고야 말았다.

그 후, 장미가 아름드리 꽃피던 때를 맞추어서 할머니가 나타나셨다. 그렇게도 당당하고 세련됐던 할머니는 초췌하고 창백한 얼굴과 함께 예전의 모습이라고는 조금도 찾아 볼 수가 없을 정도로 완전히 변해 있었다.

그렇지만 나는 반가움에 할머니의 손을 얼른 붙잡았다.

“할머니, 그 동안 어떻게 지내셨어요? 오늘은 저희 집에서 저녁 드시고, 꼭 주무시고 가셔요.”

하면서 몇 번이고 굳은 살 박힌 할머니의 손을 매만져 보았다.

할머니는 우리 집 화단의 노란 장미를 떨리듯 몇 번이고 매만지면서, 붉어지듯 충혈 된 두 눈을 연방 깜박거렸다.

나는 차마 할머니의 얼굴을 올려다 볼 수 없었다. 눈을 돌려 형언할 수 없이 붉게 물들어 가는 저녁노을을 말없이 바라볼 뿐이었다.

어느새 하늘은 검푸른 빛으로 세상 모든 일들을 끌어 안 듯 넓은 가슴으로 있고, 어슴푸레한 구름 사이로 보이는 달은 뽀얀 빛을 흘리면서 노란 장미를 하얗게 물들여 놓고 있다.

고궁의 미학, 그 은은함의 향기
- 경복궁과 창덕궁을 다녀와서 -

어젯밤엔 좀처럼 잠을 이룰 수가 없었다. 장마가 시작되려고 해서인지 후덥지근한 열대야 현상과 아이들을 데리고 견학을 가야한다는 긴장감 때문이었다.

유월 넷째 주 토요일, 5시 30분에 맞추어놓은 알람 소리에 잠이 깼다. 눈꺼풀에 풀이라도 붙여놓은 듯 무겁게 달라붙은 눈은 좀처럼 떠지지 않았다. 아이들에게 풀어줄 고궁에 대한 내용과 각종 게임과 퀴즈를 준비하기 위해 새벽 두 시가 넘어서야 간신히 잠이 들었기 때문이었다.

식사준비와 세탁물을 정리하고 있는데 핸드폰 벨이 울렸다. 글짓기 수업을 받은 지 두 달쯤 된 육학년 여자아이로 제법 붙임성도 있고 솔직하게 자기의 감정과 생각을 표현하며 잘 따르는 아이였다. 그런데 도착 시간을 한 시간 빨리 알고 나왔던 모양이다. 어디를 가건 항상 시간을 잘못 알고 먼저 나온 이가 있는가 하면 언제나 지각하는 사람이 있게 마련인가보다. 그 아이를 안심 시키고 전화를 끊었다.

부산스럽게 집안일을 마치고 근동에 있는 아이들을 태우고 관광버스 있는 곳으로 향했다. 이른 시간이라서 학부모들이 아이들을 태우고 와서 주차된 도로변은 왁자지껄 소란스러웠다. 잠시 좌석이 모자란다고 학생들이 우왕좌왕 했으나 배정된 3호차에 인원 점검을 해서 팀별로 좌석을 배치시켰다. 여행을 갈 때는 친한 사람과 앉아야 즐겁게 여행을 갈 수 있기 때문이다. 어제 조사한 자료와 견학교재, 그리고 짐을 확인하고 7시 30분이 다 되어서 버스는 서울을 향해 출발했다.

학생들은 제비 새끼들처럼 수다를 떠느라 버스 안은 소란스러웠다. 견학교재를 꺼내서 학생들에게 출발하기 전까지의 모습과 마음을 열 줄 이상 써놓으라고 했다. 떠날 때의 소란스러움과 책임감 때문인지 여행을 떠나는 들떠 있는 마음은 다른 때보다 덜했다. 창밖으로 스쳐지나가는 바깥 풍경을 눈과 마음으로 읽어 들이기에는 차 속에서 풀어주어야 할 강의내용에 더 신경이 쓰였기 때문이다.

문 선생님이 먼저 궁궐의 정의와 구조, 그리고 궁궐 건물의 명칭에 대해서 설명했고, 나는 경복궁의 역사와 경복궁의 사대문과 그 안에 곁들인 주요건물에 대해서 이야기 해주고 궁궐 퀴즈로 분위기를 환기시켰다. 차 속에서 학생들에게 견학할 내용을 풀어줘야 견학하는 도중 궁궐에 대해 아이들이 훨씬 빨리 이해하기 쉽기 때문이며, 게임은 옆에 친구와 친구해질 수 있는 계기를 마련해주고 또 즐거운 마음으로 목적지까지 가기 위한 방법이다. 두 번의 휴게소를 거쳐 예상 도착시간인 11시 정도에 경복궁 주차장에 도착했다.

주차장에서 우리는 학생들 인원파악을 한 다음 경복궁의 사대문 중 정문인 광화문 광장으로 갔다. 월요일부터 장마가 온다고 해서인지 여전히 날씨는 흐렸고 후덥지근했다. 광장은 마침 수문장 교대의식 행사가 엄숙하게 거행되고 있었다. 행사에 참여한 사람들은 옛날 의상과 무기와 악기들을 갖추고 질서 정연했다.

학생들을 열 한두 명씩 두(12조, 13조)조로 나누어 열을 세웠다. 입장권을 끊어 팜플렛을 하나씩 가지고 안으로 들어가게 했다. 약 10분쯤 기다리니 미리 예약해놓은 학예사 선생님들이 오셔서 각 조를 안내해드렸다. 그 선생님들은 전에 교직에 계셨고 지금은 정년퇴직하고 남은 시간을 이렇게 우리의 궁궐을 찾는 분들에게 아끼고 사랑하는 마음으로 안내해드리고 계셨다. 연로하신데도 타인과 자신의 건강을 위해서 열심히 자원봉사를 하고 계시는 모습이 참 뵙기에 아름답고 좋아 보였다. 그 모습이 너무도 신선해서 나 역시도 훗날 나이가 들면 남을 위해 봉사하며 살아가야겠다는 생각을 하게 했다.

먼저 광화문을 거쳐 경복궁에서도 가장 웅장하고 위엄이 느껴지는 정전인 근정전으로 들어섰다. 커다란 규모의 2층 건물로 살짝 치켜 올린 처마가 북악산과 잘 어울려 우아한 자태를 갖추고 있었다. 근정전 조정에 들어서니 박석이 쫙 깔려있고 햇빛을 가릴 때 사용하였던 차일고리와 좌우로 품계석이 차례로 줄지어 있었다. 품계석 좌우로는 복도 건물인 행각(行閣)이 근정전을 둘러싸고 있었고 품계석 중앙에는 삼도가 있었는데 그 중 임금이 다니는 길을 답도라고 했다. 그 위에 건물 바로 앞의 넓은 기단을 월대라고 했으며, 법전 각 모서리에는 쇠솥처럼 생긴 주술적 의미의 드므가 있었다. 귀퉁이나 계단 주위 난간기둥에는 훌륭한 솜씨로 12지 신상의 동물들을 조각해 놓았고, 건물 위에는 그물 같은 것이 쳐 있었는데 그것은 건물의 망가짐을 방지하기 위한 것으로 부시라고 했다. 건물 안쪽 끝의 중앙에는 어좌가 있었고, 그 뒤에는 임금의 만수무강을 빈다는 '일월오악도' 인 병풍도 있었다. 천장은 화려한 장식이었고, 지붕은 여덟 팔(八)자 모양에 팔작지붕이었으며, 처마 위에는 잡귀를 쫓으라는 잡상과 그 형태의 화려한 모습과 세련미로 왕궁의 위엄을 갖추고 있었다. 자원봉사자들의 자세한 설명을 들으니 오랜 세월이 지났는데도 불구하고 지금까지 웅장한 궁궐건축 모습에서 우리 조상들의 지혜와 슬기가 새록새록 다가오는 것 같았다.

근정전에서 서쪽으로 가니 영추문이 멀리 보였고 넓은 뜰이 나왔다. 이 넓은 뜰도 예전에는 많은 건물들로 가득 차 있었는데 임진왜란과 일제시대 때 거의 다 소실되어서 대신 잔디밭과 나무를 심어놓았다고 했다. 이 곳에는 왕의 비서기구인 승정원을 비롯하여 학술기관인 홍문관 등 여러 관칭이 있었다고 힌다. 하지만 현재는 거의 모두 헐리고 민족문화를 집대성한 수정전만이 세종 때 이곳에서 한글을 만들었구나 하는 집현전의 흔적을 짐작만 하게 해서 참 안타까웠다.

푸르게 일렁이는 그 잔디밭 뒤에는 넓은 연못이 있었는데 경복궁에서 가장 눈에 띄는 건물인 경회루였다. 임금이 연회를 베풀면서 군신간의 정을 돈독히 했다고 하는데 커다란 돌기둥들이 연못 위에 근사하게 떠 있는 듯한 모습이었다. 경회루의 돌기둥은 삼중으로 모두 마흔 여덟 개로 되어 있었는데 중앙은 천지인, 가운데는 일 년 열두 달로 둥근 기둥으로 하늘을 상징하여 만들었고 바깥쪽은 24절기로 네모기둥으로 땅을 상징하는 동양의 전통적 사상을 반영하여 만들었다고 했다. 연못에는 관광객들이 먹이를 던져주자 큼직한 잉어들이 새까맣게 몰려들어 정작 경회루보다도 아이들의 시선을 더 끌었다.

또한 근정전 뒤로는 왕의 침소인 강령전과 왕비의 침소인 교태전이 있었는데 그 교태전 후원의 자경전의 십장생 굴뚝과 꽃담장은 무척 섬세하고 아름다워 무더위로 인한 심한 갈증을 한번에 가시게 했다. 흥선대원군이 고종의 어머니인 조대비를 위해 흙으로 빚어 만들었다고 하는데 여인들이 머물던 곳이어서인지 참으로 고왔다.

우리는 고종과 왕비의 거처로 을미사변 때 명성왕후가 일본인들에게 무참히 살해된 곳이었다는 경복궁의 북쪽인 건청궁을 지나 기묘사화와 제5공화국 때 신군부세력이 군사쿠테타를 모의, 지휘하기도 했다는 신무문을 통해 우리나라의 대표적인 정자로 유명한 향원정으로 갔다. 향원정과 건청궁 사이에는 취향교라는 다리가 있었는데 6·25전쟁 때 파괴되어 1953년 남쪽에 새로 놓은 것이라고 한다. 고즈넉함이 묻어나는 연못 안은 궁전 여인들의 그윽함이 풍기는 듯했다.

그 곳에서 우리는 동쪽의 봄을 의미하는 건춘문을 지나 세자들이 거주했다던 동궁으로 해서 영추문과 신무문을 지나 집옥재에서 주차장으로 갔다.

주차장에서 아이들 인원점검을 한 다음 우리는 창덕궁으로 향했다. 창덕궁에서는 주차할 곳을 찾지 못해 자원봉사자들과 약속시간에 도착을 못해서 약 이십 분쯤 기다려야 했다. 그 곳에서는 약 백 삼십여 명이나 되는 숫자를 한 선생님께서 통솔하다보니 이동하고 안내 설명을 듣는 것이 불편했다. 날씨는 더운데다가 아이들이 이동할 때 땅에서 뽀얀 먼지가 일었고 소란스러웠기 때문이다.

먼저 덕의 근본을 밝혀 창성하게 되라는 뜻의 창덕궁의 정문인 돈화문을 거쳐 금천교를 지나니 신문고가 있다는 진선문과 곧이어 숙정문과 인정문이 나왔다. 인정문에서는 여섯 명의 왕이 즉위를 했다고 한다. 인정전은 경복궁에서 근정전처럼 2층 모양으로 몇 차

례의 소실과 중건이 반복되었는데 내부가 서양식으로 개조되어 커튼과 샹들리에가 설치되어 있는 점이 다른 궁궐과 달랐다. 이 곳에서는 연산군과 현종이 즉위를 했고 한일합방이 강제적으로 체결되기도 했다고 하니 다소 씁쓸했다. 우리는 유일하게 남아있는 궁궐 중에서 청기와로 지붕을 얹은 편전이었던 선정전을 거쳐 왕의 침전이었는데 후에 편전으로 사용하기도 했다는 희정당을 봤는데 인정전처럼 바닥에 카펫도 깔려있고 탁자와 의자도 서구식이었다.

다음은 궁궐의 내전 중 가장 중심이라고 할 수 있는 대조전으로 향했다. 이 곳은 왕비의 침전으로 용마루가 없었는데 왕이 용으로 상징되기에 왕이나 왕비의 침소에는 용마루가 올라갈 수 없기 때문이라고 했다. 대조전을 나와 경훈각을 거쳐 낙신재로 들어섰는데 그 정락문이 참 멋있었다. 원래 낙선재는 국상을 당한 왕후나 후궁들을 위해 지어진 전각으로 이방자 여사와 덕혜옹주가 이 곳에서 머물며 타계한 곳이라고 했다. 낙선재에서 원래 빈청이었다는 어차고를 향하니 궁내에 물건의 반입이 안 된 관계로 아이들은 갈증을 호소했고 행동도 느려졌다. 몇 시간을 걸어서 관람하느라 무더위에 축 늘어진 아이들의 눈빛이 어차고에서는 빛이 났다. 순종임금이 타고 다녔다는 캐딜락과 다임러, 가마 등이 신기하게 느껴졌던 모양이다.

어차고에서 재를 하나 넘으니 부용정이 나왔다. 그 곳은 창덕궁이 후원으로 1997년에 세계문화유산으로 등록되어 보호를 받는 귀한 문화재가 되었다고 한다. 부용지 일대에 정자각들이 몇 개 있고 연못도 있고 해서인지 아늑하고 조경이 좋았는데 그래서인지 정조가 가족들과 낚시도 즐기고 시를 읊기도 했다고 한다. 부용정에서 잠깐 쉬는 시간을 가졌는데 아이들은 매점으로 달려가서 음료수를 사거나 수돗가에서 물을 먹기에 바빴다 우리는 다시 부용지 일대를 둘러보고 숲 속 깊숙한 곳으로 자원봉사자를 따라 움직였다. 존덕정 일대를 지나 가파른 언덕을 타고 올라가니 숙종의 시가 적혀있다는 옥류천과 취규정을 나왔다. 아이들은 삼삼오오 친한 친구들끼리 모여서 정다운 이야기를 나누며 산기슭을 타고 죽 내려갔다. 그 모습들이 참 예뻤다. 다른 곳도 더 둘러보고 싶었지만 두 시간 반이 넘게 걸어서 이동하다보니 나이 어린 아이들이 다리가 아플 것 같아 우리는 곧바로 금호문으로 나와 주차장으로 향했다.

집으로 가기 위해 버스에 오르니 아이들의 모습은 신이 났다. 약 한 시간가량 아이들을 재운다음 휴게소에 들려서 아이스크림을 하나씩 사주었더니 해바라기처럼 환한 웃음을 지었다. 몇 시간은 더 가야할 것 같아서 어제 저녁에 준비한 게임과 퀴즈를 냈더니 아이들은 무척 즐거워했다. 버스에서 내리니 학부모들이 마중을 나와 있었다. 피곤하겠지만 잊어버리기 전에 일기장에 오늘 보고 느끼고 생각했던 것들을 꼭 적어놓고 자라고 당부하며 교사들은 하루의 일정을 정리하는 담소 시간을 가졌다.

사실 나는 경복궁과 창덕궁을 처음 갔다. 물론 아이들의 교육적인 차원에서 견학을 간 것이지만 온고지신이라고 우리의 전통문화와 역사가 살아 숨 쉬는 궁전을 돌아보니 일제 치하에 있을 때에 많은 궁전들이 소실되었던 것을 생각하면 가슴 아팠고 참 안타까웠다. 우리 조상들의 지혜와 슬기, 그리고 그 아름다움이 궁궐 건축 속에 잘 녹아 흐르고 궁궐지킴이인 자원봉사자와 관리자들에 의해 잘 보존되고 있음이 무척 다행스러웠고 고마웠다. 우리의 후손들에게 고궁의 우아함과 은은함의 향기를 오랫동안 잘 물려주어야겠다.

제 **2** 부

그리운 것들은 모두 풍경을 만든다

친구(親舊)에 대해서

마음의 그늘과 눈물과 연약함을 읽어주는 인생의 버팀목

성장을 방해하는 억압된 관념, 콤플렉스

꿈을 그릴 수 있는 공간

어느 저녁 산책길

아련한 그리움의 향기

환절기 바다

가을의 향기, 아름다운 코스모스

익명의 사랑

루키즘, 욕망의 경계에 선 불안한 현실의식과 자아의식

아름다운 노후, 그 나이 듦에 대하여

OH KYUNG OK Essay

친구(親舊)에 대하여

1. 짧은 해후, 아쉬운 이별

아들 결혼식 전날이었다. 부재중 전화가 세 통이 찍혀 있었다. 전화번호를 보니 모르는 번호였다. 요즘 보이스피싱이나 TM전화들이 많아 모르는 전화는 받지 않는 편이다. 그런데 한 통도 아니고 세 통이나 찍혀 있어서 아무래도 나를 아는 사람 같아 전화를 해보았다. 생각지도 못한 중학교 친구였다. 그사이 전화번호가 바뀌었던 것이다. 친구가 중학교 동창 밴드에 올린 나의 아들 결혼 소식을 듣고 남편과 함께 1박 2일 여행 가는 길에 오랜만에 얼굴이나 한번 보고가려고 군산에 들렸다는 것이다. 시내에 도착했기 때문에 사는 곳을 알려주면 십 분 정도면 갈 것이라고 했다. 순간 몹시 반갑기도 했지만 너무 당황되었다. 삼십삼 년이라는 세월동안 간간이 밴드나 카페 등을 통해 소식을 접하거나 채팅 정도만 했지 전화로 자주 소식을 전하며 친하게 지내는 사이는 아니었기 때문이다. 그리고 집에는 친척들이 와 있어서 번잡한 집으로 오라고 하기도 애매했다. 공자는 '벗이 있어 먼 곳에서 오면 즐겁지 아니한가' 라고 했지만 화장을 하지 않는 민낯으로 삼십삼 년이라는 세월을 뛰어넘어 갑자기 생각지도 못한 친구를 만난다는 것도 그렇고 처음 본 친구남편까지 만날 용기가 도저히 나지 않았다. 청바지에 티 하나 걸친 채로 줄 것도 딱히 없어서 출간된 나의 책과 아파트 앞 가게에서 음료수 한 박스를 사서 기다리려고 하니 친구가 차에서 내렸다. 친구의 얼굴을 보니 당황되고 망설여졌던 마음은 어디로 가버리고 친구남편에게 인사를 한 후 우리는 서로 손을 잡고 흔들며 반가움을 나누었다. 동창이란 아무리 많은 세월이 흘러서 만났더라도 곧바로 그 시절로 되돌아가는 경향이 있나보다. 세월의 흔적이 눈가와 입가에서 빗살 져 흐르긴 했지만 날씬하니 중학교 때 그 얼굴 그대로였다. 식사라도 대접해야 하는데 식사시간도 아니어서 커피숍이라도 가자고 했더니 여행길이어서 얼른 가 봐야한다며 축의금만 주고 짧은 해후 속에 우리는 다시 아쉬운 이별을 해야 했다. 친구를 보내고 나서 너무도 아쉽고 미안하고 고마운 마음에 카톡으로 마음을 남겨놓았다.

결혼식을 마치고 이것저것 정리를 하면서 친구들이 나에게 어떤 존재였는지, 나는 친구들에게 어떤 존재였는지 친구의 의미와 우리들 인생에 있어서 친구란 무엇이며 서로에게 어떠해야 하는지 문헌을 찾아보며 깊은 사색의 시간을 가져보았다.

2. 문헌 속의 친구이야기

친구(親舊)는 오랫동안 가까이에서 정답게 사귀어 온 벗이나 뜻을 같이 하며 친하게 지내온 오래된 사이나 그런 관계를 말한다. 따라서 친구는 가족처럼 오래도록 삶의 희로애락을 함께해온 소중한 사람이며 존귀한 존재로서 그 우정(友情) 또한 그런 친구와 오랫동안 쌓아오며 함께 나누어 온 마음의 정을 말한다.

친구와 관련된 사자성어도 찾아보니 참 많이 있다. 어릴 때부터 대나무 말을 같이 타고 놀며 자란 소꿉친구인 '죽마고우(竹馬故友)'와 유비가 제갈량을 얻고 나서 기쁨에 겨워서 한 말로 마치 물고기와 물의 관계처럼 떼려고 해도 뗄 수 없는 아주 친밀한 친구인 '수어지교(水魚之交)'가 있고, 서로 거스르거나 배반하지 않는 친구인 '막역지우(莫逆之友)'가 있으며, 금이나 난초와 같이 귀한 향기로움을 풍기는 다정한 친구 사이인 '금란지교(金蘭之交)'도 있고, 유안진님의 에세이로 유명해진 지초와 난초와 같은 '지란지교(芝蘭之交)'도 있다. 또 춘추전국 시대에 제나라 사람이었던 관중과 포숙아의 사귐 같이 서로의 처지를 알아주고 신뢰해주는 허물없는 친구 사이인 '관포지교(管鮑之交)'와 비슷한 시대 때 백아의 거문고 연주를 진정으로 이해해준 종자기가 죽자 거문고 줄을 다 끊고 그 후로 다시는 연주를 하지 않았다는 데서 유래한 '백아절현(伯牙絶絃)', 중국 전국 시대 조나라의 염파가 인상여의 출세를 시기하였다가 나중에 인상여의 넓은 인격에 감동하여 생사고락을 함께 하기로 맹세한 친구로 그 친구 대신 자신의 목을 내주어도 아깝지 않을 정도로 친한 친구의 사귐인 '문경지교(刎頸之交)', 두 사람이 힘을 합해 협력하면 단단한 쇠도 끊을 수 있다는 데서 나온 '단금지교(斷金之交)'도 있으며, 나이를 따지지 않고 사귀는 벗인 '망년지교(忘年之交)'도 있다.

친구의 우정하면 '오성과 한음'이라는 일화를 남긴 조선 중기의 뛰어난 문신인 이항복과 이덕형을 빼놓을 수가 없다. 이들은 막역한 우정을 나눈 평생의 벗이었지만 호가 백사인 오성 대감인 이항복과 한음 이덕형은 구전설화집에 나온 것처럼 죽마고우는 아닌 듯싶고 망년지교나 문경지교에 가까운 것 같다. 왜냐하면 이항복이 다섯 살 위로 같은 해에 과거에 급제한 후 서로 교류하며 친하게 지냈기 때문이다. 그들은 당파는 서로 달랐지만 서로가 중립을 지켰고, 임진왜란 때에도 정치적인 역량과 기지를 모아 뛰어난 공을 세웠으며, 인목대비 폐모론과 영창대군의 처형 등에 대해서도 같은 입장을 취하였고, 관직도 서로 비슷한 벼슬을 교대로 맡아가며 평생 동안 동고동락했다. 오성은 한음이 먼저 세상을 떠나자 한걸음에 달려가서 손수 염을 하고 장례를 주관하며, 묘지명까지 써주어 벗을 잃은 비통한 마음을 남겼다고 한다.

친구라고 해서 오성과 한음과 같은 친구만 있는 것은 아니다.

추사 김정희[1]가 윤상도의 옥사에 연루되어 먼 제주도에서 유배생활을 한 적 있었다. 유배지에서 극도의 외로움과 어려움에 힘들어하던 추사에게 제자인 역관 이상적이 북경에서 두 번이나 귀한 책을 구해 보내주어 따뜻한 위로와 감동을 주었다고 한다. 그때 그에 대한 답례로 이상적의 인품을 칭송하며 그려준 그림이 바로'세한도(歲寒圖)'인데 이는 논어의 구절에서 따온 것으로 이상적의 사제 간의 변함없는 의리를 '날씨가 추워진 뒤에야 제일 늦게 소나무와 잣나무가 시드는 것을 안다'라는 내용이다. 물론 이상적은 제자지만 친구나 인간관계도 좋은 직장을 다니며 잘살고 건강할 때에는 많은 친구들이 모여 들지만 상황이 안 좋아져 변변치 않는 직장을 다니게 되거나 퇴직하여 경제력도 없고 몸도 아프게 되면 자연

1) 추사 김정희는 당대의 백파와 초의 같은 고승들과 친분이 두터웠다.

히 친구들도 멀어지게 된다. 그래서 G·애시비는 순경 중에는 친구가 우리를 알고 역경 중에는 우리가 친구를 안다 라고 했으며 역경은 친구를 시험한다고 했나보다.

친구도 인간인지라 여러 종류의 친구들이 있음을 문헌에서 찾아볼 수 있다.

중국 청나라 시대의 서예가였던 정판교가 친구가 무엇이며 어떤 사람인지 스승에게 물었더니 스승은 네 종류의 친구가 있다고 대답했다. 첫째는 꽃과 같은 친구로서 꽃이 아름답게 피면 그것을 품에 안고 좋아하지만 그 꽃이 시들면 가차 없이 내버리는 사람이며, 두 번째는 저울과 같은 친구로서 무거운 물건처럼 자신에게 영향력 있는 사람이나 중요한 인물을 만나게 되면 고개를 금방 숙이지만 가벼운 물건 같이 영향력 있지 않는 사람을 만나게 되면 고개를 빳빳이 드는 거만한 이중적인 인물이고, 세 번째는 산과 같은 친구로서 관계를 맺으면 능력을 받아 높은 곳이라도 기꺼이 오를 수 있는 멋진 인물이고, 네 번째는 땅과 같은 친구로서 어렵고 힘든 일도 마다하지 않고 묵묵히 인내하며 해내는 사람이라고 했다. 이런 사람은 하나의 씨앗을 심으면 100배의 결실로 키워내는 인물로써 소박하지만 가슴에 원한을 품지 않는 친구라고 말했다.

부익부빈익빈 양극화 현상이 팽배해지고 있는 자본주의사회에서 직장과 여러 조직사회에서 학력과 재력과 권력 그리고 명예만을 소중하게 생각하며 비정규직이나 3D업종에서 어렵고 힘들게 살아가는 가난한 사람들이나 친구들을 경시하거나 멸시하는 꽃이나 저울 같은 친구나 그런 사고를 가진 사람들이 얼마나 많은지 모른다.

공자 역시 자신에게 도움을 주는 이로운 벗과 해로운 벗 세 종류에 대해 각각 말한 바 있다. 이로운 벗은 '우직(友直)'으로서 곧은 벗은 나의 잘못을 바로잡아주며, '우량(友諒)'은 신의 있는 벗으로 나를 성실하게 이끌어주고, '우다문(友多聞)'은 아는 것이 많은 친구로 나의 지식을 확장시켜주는 유익한 벗을 말한다. 해로운 벗도 있는데 '편벽우(便辟友)'로서 편한 것만 좋아하고 하기 싫은 것은 피해 나를 나쁜 길로 이끌 수 있는 벗과 '선유우(善柔友)'로서 아첨하여 남을 기쁘게만 하는 불성실한 벗, '편녕우(便佞友)'로서 행동으로 옮기지 않고 번드레하게 말만 잘하는 벗이다. 이런 사람을 친구로 삼으면 그들에게 이끌려서 덩달아 나쁜 일에 휘말릴 수 있고, '근묵자흑(近墨者黑)'처럼 자신도 모르게 옳지 못한 생활들이 몸에 배어 정의로운 생활에서 벌어지는 삶을 살게 되어 나쁜 사람이 되기 쉽다는 의미이다. 그래서 조선 초기 때 문학가였던 성현도 『부휴자담론』에서 벗에 따라 이해(利害)가 있으니 벗을 가려 사귀라고 했다. 따라서 어떤 친구들과 가깝게 사귀느냐에 따라 나의 삶이 미래지향적인 삶으로 달라질 수 있고, 친한 친구를 보면 그 사람의 됨됨이나 인품도 유추해볼 수 있으니 벗을 고를 때에는 한 계단을 올라가서 자신보다 나은 사람과 친구를 사귀라고 했는지도 모른다.

그런데 조선 후기 때 실학자인 연암 박지원은 『예덕선생전』에서 인변을 치우는 역부의 우두머리인 엄행수를 예덕선생이라 부르며 선귤자라는 스승의 입을 빌려 훌륭한 사귐은 꼭 얼굴을 마주해야 할 필요가 없고, 훌륭한 벗은 꼭 가까이 두고 지낼 필요 없이 마음으로 사귀고 덕으로 벗하는 도의로 사귀는 것이라고 했다. 시공을 초월한 요즘 글로벌시대와 정보화시대에 알맞은 말이 아닐까 생각해본다.

또한 조선 후기 때 명문장가인 허균은 그의 스승 이달처럼 세속적인 양반 사대부들이 기피하던 인물들인 서얼출신이나 스님 같은 신분과 처지가 전혀 다른 사람들을 친구로 삼아 깊은 우정을 나누며 그가 이루고자 한 이상세계를 우리나라 최초의 한글소설인 『홍길동전』으로 펼쳐냈다.

로마시대의 철학자이자 문학가인 키케로는『우정에 관하여』라는 대화형식의 글에서 친구인 아티쿠스에게 '우정은 미래를 향하여 밝은 빛을 투사하여 영혼의 불구가 되거나 넘어지지 않게 해준다. 진정한 친구를 보는 사람은 자신의 영상을 보는 것이다. 우정이란 선의와 호감의 완전한 감정이며 가장 아름다운 덕성이고 가장 우선 시 해야 할 덕목이다'라고 했으며, 아리스토텔레스는 『니코마코스 윤리학』에서'우정에는 상호간에 이익을 주고받는 관계'라고 했다. 여기서 이익은 상호간에 주고받는 필요나 욕구 같은 감정인 우애를 말하며, 이것은 우정을 나누는 타자간의 관계에 영향을 미친다는 것이다. 따라서 완전한 우애는 서로 유사한 미덕을 가진 좋은 사람들 사이의 우애이고 그 우정을 지속하기 위한 힘은 서로에게 유익한 존재가 되어야하는 것이다. 그러므로 진정한 우정을 위해서는 좋은 친구들(좋은 사람들)과 좋은 관계를 맺어야 하고, 그 좋은 관계를 위해서는 내가 먼저 좋은 사람이 되어야 훌륭한 우정이 형성되는 것 아닐까 생각해본다.

가정의 큰 행사를 치러보니 그동안 내가 친구들이나 지인들에게 어떻게 대하며 살아왔고, 그들은 나에게 어떤 의미였고 어떤 존재였는지 깊이 되돌아보는 계기가 되었다.

마음의 그늘과 눈물과 연약함을 읽어주는 인생의 버팀목

우리는 누구나 삶을 살아가면서 함석헌 님의 「그 사람을 가졌는가」라는 시처럼 먼 길 나설 때 믿고 맡기며 맘 놓고 갈만한 사람, 온 세상 사람들이 다 나를 버려도 끝까지 나를 믿어줄 사람, 생사의 갈림길에서도 꼭 살아주었으면 하는 사람, 불의한 다수 중에서도 정의의 목소리를 낼 수 있는 소수인 그 한 사람이 나의 친구였으면 하고 바란 적이 있다. 그런 진실하고 신뢰감이 있는 친구가 피시아스와 다몬이 아닐까 생각해본다.

기원전 4세기경, 그리스에 '피시아스'라는 사람이 억울한 일에 연루되어 교수형을 당하게 되자 부모님께 마지막 인사라도 하게 해달라고 왕에게 간청을 했다. 하지만 왕은 선례가 될 뿐만 아니라 그가 멀리 도망친다면 국법과 질서를 흔들 수 있으므로 거절했다. 그런데 피시아스의 친구인 '다몬'이 왕에게 찾아와서 자신이 친구의 귀환을 보증할 테니 그를 부모님께 인사를 하고 오도록 해달라고 간청했다. 왕은 피시아스가 돌아오지 않는다면 어떻게 하겠냐고 묻자 다몬은 친구를 잘못 사귄 죄로 대신 교수형을 받겠다고 했다. 왕은 다몬에게 진심으로 피시아스를 믿느냐며 묻자 다몬은 피시아스는 제 친구다고 말하자 왕은 허락하는 조건으로 다몬을 대신 감옥에 가두었다. 그런데 약속했던 날이 되었는데도 피시아스가 돌아오지 않자 다몬을 교수대로 끌고 왔다. 사람들이 우정을 저버린 피시아스를 질책하며 큰소리로 욕을 하자 분명 무슨 사정이 있을 거라며 친구 욕을 못하게 했다. 왕이 집행관에게 교수형 집행을 명령하자마자 멀리서 피시아스가 고함을 치며 달려와서 자신이 돌아왔으니 다몬을 풀어주라며 다몬에게 늦게 와서 미안하다며 끌어안고 작별을 고하자 이들을 지켜보던 왕은 그들의 아름다운 우정에 감동하여 피시아스의 죄를 사면해 주면서 혼잣말을 했다. '내 모든 것을 다 주더라도 저런 친구를 한 번 사귀어 볼 수 있다면 얼마나 좋을까.'

어떤 두 친구가 살았다. 너무나 친했던 그들은 어느 날, 서로의 앞날에 대해서 이야기하며 조용한 저녁 강둑을 따라 거닐었다. 조금 가다 보니 갈래 길이 나왔다. 한쪽 길은 강둑으로 이어진 길로 주위에는 과수원도 있고 산책하기 좋은 길이었다. 다른 한쪽 길은 언덕 위로 난 길로 멀리서 반짝이는 불빛이 보였다. 다정했던 두 친구는 그 갈래 길에서 그만 헤어지고 말았다. 한 친구는 자기 말을 듣지 않은 친구를 원망하면서 강둑길을 따라 가다가 길옆의 과수원에 과일이 주렁주렁 달린 것을 보았다. 갑자기 그 과일을 먹고 싶은 충동이 생겨 몰래 기어 들어가서 과일을 땄다. 가슴이 두근거렸지만, 먹어 보니 맛도 좋고 색 다른 기분도 들었다. 그 후 그 친구는 그런 일에 흥미를 느끼기 시작했고, 갖고 싶은 물건이 보이거나 충동이 생기면 그때마다 훔쳤다. 그러던 어느 날 어떤 집에 들어가 돈을 훔치다가 주인에게 들켜 그만 주인을 죽이고 달아나다 잡히고 말았다. 사형집행을 앞둔 어느 날, 감옥 안으로 신문이 한 장이 들어왔는데 낯익은 얼굴에 그는 깜짝 놀라고 말았다. 바로 강둑 길에서 헤어졌던 그 친구였다. 사실 그 친구는 언덕 위로 올라가다 불빛에 이끌려 조그마한 예배당을 만났고, 그 교회에서 주님을 영접했다. 그의 생활은 즐겁게 바뀌어져 갔고 열심히 공부하여 교수가 되었고 총장이 되었으며, 하원 의원에서 상원 의원까지 되었다. 그가 신문에 얼굴이 난 것은 그 나라의 대통령이 되었다는 기사였던 것이다. 그 사람이 바로 미국의 20대 대통령이었던 제임스 아브라함 가필드라고 한다.

중국의 작은 마을에 원치와 하이샤는 매우 특별한 막역지우였다. 원치는 세 살 때 전기에 감전되어 두 팔을 잃었고 하이샤는 한쪽 시력을 잃은 채 태어났다. 안타깝게도 16년 전 석회채석장에서 일하다가 폭파사고로 한쪽 눈마저 시력을 잃어 맹인이 되었다. 석회채석장이 들어서고 나서 황무지가 되어버린 마을에 먼지바람이 불자 여러 생물들이 멸종위기에 이르렀다. 나무와 숲을 사랑하던 원치는 오래 전부터 마음속에 꿈꾸고 있던 일을 도전하기로 마음먹었다. 할 수 있는 것들이 많지 않지만 사회에 짐이 되고 싶지 않아 사는 동안 열심히 노력하며 살고 싶어 틈틈이 나무를 심기로 했다. 두 팔이 없는 원치는 혼자 그 일을 할 수 없어 친구인 하이샤에게 서로 힘을 합해 마을에 나무를 심자고 했다. 첫 해에 두 사람은 나무 800그루를 심었으나 살아남은 것은 단 두 그루였다. 너무도 좌절감이 들어 포기하고 싶었지만 두 친구는 서로를 격려하며 왜 그런 문제가 생겼는지 서로 생각을 모았다. 그들은 묘목을 살 돈이 없어서 나뭇가지를 잘라 묘목으로 사용하여 정성을 들인 끝에 십 년이 넘는 시간동안 만 그루가 넘는 나무를 심어 숲을 만들었다.

이를 보고 감동한 마을 위원회는 그들이 그 일을 계속 해 나갈 수 있도록 100에이커가 넘는 토지를 주었다고 한다. 미래세대의 유산으로 남을 푸른 숲이 그들의 우정처럼 싱그러웠다.

영화 〈진주만〉은 제2차 세계대전이라는 전쟁의 불가피한 상황이 레이프 맥콜레이와 대니 워커라는 친구 사이의 우정과 사랑의 과정 중에 빚어지는 애증의 관계를 다룬 영화이다. 그들은 죽마고우로 친형제처럼 자라다 나란히 미 육군 항공대의 파일럿이 되었다. 그곳에서 레이프는 신체검사를 하다 간호사인 에블린 존슨과 만나 사랑하는 관계가 되고 얼마 후, 레이프는 꼭 돌아오겠다는 약속을 남긴 채 사랑하는 에블린과 소중한 친구인 대니를 남겨 두고 영국 공군의 브리튼 전투에 지원하게 된다. 떠나기 전날 에블린이 함께 보내고 싶어했지만 에블린을 지켜주고 싶은 마음에 생애 최고의 순간을 훗날로 기약한다. 그만큼 레이프는 에블린과 친구인 대니를 믿었기에 안심하고 떠났다. 하지만 안타깝게도 전사했다는 통보만 듣게 되고 적지 않은 시간이 흐른 후 에블린과 대니는 레이프와의 추억을 떠올리며 슬픔을 나누고 의지하면서 깊은 관계가 된다. 그런데 어느 날 레이프가 거짓말처럼 살아 돌아오자 죽은 줄로만 알았던 에블린과 대니는 반갑고 기쁜 마음보다도 몹시 당황하고 난처한 입장에 처하게 되고 사랑이 변했음을 직감한 레이프는 그들에게 실망하고 배신감을 느끼며 증오하고 원망하며 매우 불편한 관계가 된다. 그 후 제2차 세계대전이 발발하고 일본이 진주만을 공습해오자 에블린과 대니가 도쿄폭격작전에 핵심요원으로 차출돼서 투입된다. 비행기가 추락하여 일본군이 레이프를 쏘려고 하자 이것을 본 대니가 막으려다 총을 맞아 죽음 직전에 이른다. 레이프는 죽어가는 친구가 너무도 안타깝고 미안한 마음에 대니에게 에블린이 너의 아이를 임신했으니 넌 꼭 살아야한다고 했지만 대니는 네가 아빠가 돼주었으면 좋겠다는 유언을 남기고 숨을 거둔다. 레이프와 에블린은 아들을 데리고 대니의 묘소에 참배하고 레이프가 친구 대니와 함께 했던 것처럼 아들 대니와 함께 비행기를 타고 날면서 영화는 막을 올린다.

전쟁이 얼마나 많은 것들을 파괴하는지, 만약 전쟁이라는 피할 수 없는 상황이 온다면 진정한 우정과 사랑과 같은 윤리를 끝까지 지킬 수 있을지, 사랑이 무엇이며 진정한 우정이 무엇인지 조용히 생각해보게 했다. 영화 〈진주만〉은 죽마고우였던 두 친구가 전쟁이라는 어쩔 수 없는 상황으로 인해 서로 사랑하는 사람을 놓고 사랑하는 연인과 소중했던 친구 사이의 애틋한 애증의 과정을 독자들에게 묻으며 긴 여운을 남겼던 좋은 영화였다.

그런가하면 영화 〈나의 위대한 친구, 세잔〉에서는 정서적 공감자이자 지지자였으며 든든한 버팀목이었던 오랜 친구가 자존심에 상처를 받으면서 영영 이별하여 남으로 살아갔던 안타까운 친구도 있다.『목로주점』,『나나』,『테레즈 라캥』등으로 유명한 19세기 프랑스 자연주의 소설가인 에밀 졸라와 〈사과〉[2]와 〈생 트빅투아르 산〉 등의 연작을 남긴 후기인상파이며 근대 회화의 아버지인 폴 세잔은 중학교 친구였다. 화가를 꿈꾸는 폴과 글을 쓰는 에밀은 서로의 꿈인 문학과 예술을 이야기 하고 아픔과 슬픔을 나누며 서로 애착을 가지고 동경하고 냉정한 평가도 해주면서 정신적인 성장을 도운 좋

2) "나는 사과 하나로 파리를 정복하겠다."라는 말을 할 정도로 세잔은 사과에 매료되었다. 그래서인지 프랑스 상징주의의 거장 드니(Maurice Denis, 1870~1943)는 "역사상 유명한 사과가 셋 있는데, 첫째는 이브의 사과요, 둘째는 뉴턴의 사과요, 셋째는 세잔의 사과다."라는 말을 했다. 즉 이브의 사과로부터 기독교가 시작됐고, 뉴턴의 사과로부터 근대과학이 시작되었으며, 세잔의 사과로부터 현대미술이 꽃을 피웠다는 것을 의미한다. 요즘은 여기에 애플의 사과를 추가시켜 말하는 이가 많다.

은 벗이었다. 은행가인 아버지를 둔 세잔은 이탈리아 이민자 출신의 홀어머니 밑에서 가난하게 자란 병약한 졸라를 폭력적인 친구들로부터 지켜주고 감싸주며 늘 편이 돼 주었다. 가끔씩 고마운 마음을 담아 졸라가 세잔에게 사과를 주었고 훗날 그 우정을 간직하고픈 세잔은 그것을 그림 〈사과〉를 그렸으며, 그로인해 '구와 원통과 원뿔 모양만으로 모든 사물을 그릴 수 있다'는 유명한 말을 남기기도 했다. 그렇듯 예술에 대한 열정을 나누며 세잔과 졸라는 둘도 없는 친구사이가 된다. 법과대학을 다녔던 세잔이지만 파리의 새로운 세계를 경험하라는 졸라의 편지를 받고 그림공부를 위해 파리로 가서 성공을 한 졸라로부터 물질적·정신적인 도움을 받게 된다. 세잔은 당시 인상파화가들의 화풍보다 사물이 가진 독특한 형태와 구조, 색채에 관심을 보이며 자신만의 세계에서 칩거하는 '잠자는 거인'이었고, 인간관계도 서툴러서 미술계로부터 외면을 받지만 반대로 졸라는 드레퓌시 사건의 「나는 고발한다」라는 현실 참여적 글을 써서 작가로서의 명성을 날리게 된다. 그 후 세잔을 연상시키는 실패한 화가를 주인공으로 삼은 졸라가 소설 『작품』을 발표하면서 그것을 읽은 세잔은 너무도 자존심에 상처를 받아 가슴 아파하며 서글픈 눈물을 머금고 발걸음을 돌리면서 두 사람의 40여 년 간 쌓아온 우정은 안타깝게도 끝이 나게 된다. 서로를 동경하고 아끼면서도, 냉혹한 평가를 해주며 함께 성장해갔던 두 친구, 현재 프랑스의 엑상프로방스 테제베(TGV) 역에 가면 폴 세잔과 에밀 졸라의 갈라진 우정을 상징하는 출구가 반대로 나 있는데 하나는 '폴 세잔'이고, 다른 하나는'에밀 졸라'라고 한다. 세잔은 평생 고향인 엑상프로방스에서 생 트빅투아르 산과 풍경들을 그리며 세상을 구성하는 근원을 외롭게 찾았다면 졸라는 파리에서 문학

활동을 활발히 하며 행동하는 양심과 지성을 겸비한 상징적인 인물이 되었다. 두 천재의 따뜻한 우정과 차가운 애증을 잔잔하고 따뜻한 시선으로 그려낸 〈나의 위대한 친구, 세잔〉은 친구는 어떠해야 하는지를 말해주는 좋은 영화였다.

그런가하면 소설가이자 극작가인 알렉상드르 뒤마의 소설을 영화로 한 〈몬테크리스토 백작〉은 시기와 질투로 인해 정치적인 음모를 친구에게 누명 씌워 평생 죽어야 나올 수 있는 샤토 디프 감옥인 이프 성에 가둬버리는 간교한 친구도 있다. 일등 항해사인 에드몽 당테스는 선장의 갑작스러운 죽음으로 십구 세 나이에 선주 모렐 씨의 인정을 받아 후임자가 된다. 출신이 낮고 제대로 교육 받지 못한 친구가 선장이 되었다는 것과 그의 연인 메르세데스를 연모한 친구 페르낭이 이것을 질시를 하면서 배의 회계사인 당글라르와 검사 대리인 빌포르까지 합세하여 음모를 꾸며 당테스를 나폴레옹에게 협조한 혐의로 밀고한다. 당테스는 억울하게도 메르세데스와의 약혼 피로연장에서 체포되고 샤토 디프 감옥의 차가운 돌바닥에서 분노와 울화로 점철된 14년간의 수감생활을 하게 된다. 그곳에서 늙은 죄수로 복역 중인 파리아 신부를 알게 되고 그 신부로부터 수수께끼에 대한 해답을 듣고 다양한 분야의 지식과 교육을 전수 받는다. 탈옥을 준비하다 중상을 입은 신부로부터 몬테크리스토 섬에 매장된 보물의 장소를 듣게 되고 신부가 죽자 그 시체로 가장하여 14년간의 샤토 디프 감옥에서 탈출하게 된다. 그 사이 아버지는 굶어 죽었고, 선주(船主)이자 은인인 모렐은 파산 직전이었으며, 당글라르는 대은행가이자 남작이 되었고, 페르낭은 메르세데스를 아내로 삼아 육군 중장인 모르세르 백작이 되었으며, 빌포르는 검찰총장으로 출세해 파리에서 살고 있었다. 당테스는 매장된 보물을 찾아 사교계의 유명한 몬테크리스토 백작으로 변신하여 하나하나 철저하게 계획을 세워 세 사람을 궁지에 몰아넣어 패망에 이르도록 복수를 단행한다. 이를 눈치 챈 페르낭이 아들마저 당테스의 아들임을 알고 당테스와 결투를 벌이다 끝내 친구인 당테스의 검에 맞아 죽게 된다.

죽마고우로 자라 스무 살이 되도록 둘도 없는 친구라고 생각했던 사람이 어떻게 신분이 낮고 제대로 교육 받지 못한 가난한 집안의 아들이라고 폄하할 수 있으며, 낙천적이고 성실하여 선주로부터 신임을 받아 자신보다 먼저 선장이 되었다고 시기하고 질투를 할 수 있는지, 그리고 자신이 사랑하고 싶어 친구의 연인을 빼앗기 위해 친구에게 누명을 씌어 영원히 감옥에서 죽게 하려는 속셈을 가질 수 있는지 그런 사람이 과연 진정한 친구라고 말할 수 있는지 깊은 성찰의 시간을 가지게 했다.

현대 자본주의 사회에서 돈과 권력과 여친이나 남친 때문에 혹은 자신의 약점이 노출될 것을 꺼려해서 친구를 죽이거나 악용하려는 사람들이 비일비재하게 일어나고 있음을 우리는 얼마나 많이 보게 되던가.

친구는 '나의 반쪽'이며, '제2의 나'라고 마테오리치가 말했으며 연암은 '피를 나누지 않은 형제'라고 했고 인디언들은 '내 슬픔을 자기 등에 지고 가는 사람'이라고 했다.

우리가 삶을 살아가면서 어떠한 상황과 처지에 놓이더라도 영원히 내편이 되어줄 수 있는 사람, 서로의 모든 그늘과 눈물과 연약함을 읽어주고, 그 이야기를 들어주며 공감해주고 다독여주며, 물어봐주는 사람, 그런 진실한 친구 앞에서는 자신의 아픈 상처와 마음의 그늘과 눈물이 부끄럽지만 겸연쩍게 털어놓고 이야기할 수 있지 않을까. 참되고 진실한 우정은 견고한 나무처럼 쉽게 변하지 않으며 서로의 신뢰를 바탕으로 굳건히 서서 서로 바람막이가 되어주고 정신적인 버팀목이 되어 소중한 관계가 오래 지속될 수 있도록 서로 굳은 의지를 가지며 빛나게 해주는 진실한 존재가 인생의 벗이며, 평생의 동반자가 되지 않을까. 그런 참된 친구라면 비슷한 상황을 직·간접적으로 경험했거나 그런 심정과 감정을 이해하는 너그러운 덕성과 선한 마음을 소유해서 서로 생각과 대화가 잘 소통하고 작은 그 무엇이라도 함께 하고 싶은 마음이 드는 훈훈한 미덕을 갖추었을 것이다.

성장을 방해하는 억압된 관념, 콤플렉스

콤플렉스(complex)는 '자기가 다른 사람에 비하여 어떤 한 부분이 부족하다거나 능력이 없다고 생각하는 만성적인 감정이나 무의식 속에 잠겨 있는 억압된 관념'을 말한다. 즉 '어떤 강한 감정과 결부되어 매 순간에 의식적인 행동을 방해하거나 촉진하게 되는, 열등감'과 같은 것이다.

사람들은 누구나 정도에 따라 크고 작은 콤플렉스를 지니고 있다. 그 범위도 각 개인의 콤플렉스에서부터 집단 콤플렉스나 사회의 콤플렉스로 확장되기도 한다.

콤플렉스는 상황을 때로 왜곡된 시선으로 세상을 인지하게 하며 그 심리상태의 정도에 따라서 상황을 일반적이거나 보편적으로 보기 힘들어져 사고와 감정, 행동에 적지 않은 영향을 미치게 된다. 또한 인간은 신체적인 상태나 생래적인 주변 환경의 요인과 민족 문화까지 각기 다르기 때문에 그 심리에 영향을 미친 현상들도 매우 복잡해서 그 종류도 다양하게 명명되어지기도 한다.

이러한 자신의 민감한 콤플렉스 때문에 세계적으로 유명한 사람들 중에서도 삶을 살아가면서 많은 애로점을 겪은 것을 볼 수 있다.

〈천지창조〉와 〈다윗 상〉,〈최후의 만찬〉,〈피에타〉의 조각가로 유명한 미켈란젤로 역시 위대한 예술가로 추앙받고 있지만 생존 당시 그도 외모 콤플렉스에 시달렸다고 한다. 못생긴 코 때문에 평생 우울해하며 오직 예술을 통해 심리적 번민을 구원받으려 애썼다고 한다. 13세 때 화가 지망생이었던 견습공인 미켈란젤로는 스승의 실력을 뛰어넘을 정도로 천재적인 소질이 있었지만 인자하지 못한 스승의 미움을 샀고 그의 총애를 받은 '트레지아노'라는 친구도 스승 못지않게 그에게 적대적이어서 늘 시비를 걸기 일쑤였다고 한다. 그런데 어느 날 트레지아노와 싸움을 하다 그가 얼굴을 강타해 코가 형체도 없이 깨져버렸다고 한다. 평소에도 외모에 자신이 없었던 미켈란젤로는 '아름다운 용모의 힘은 자신에게 얼마나 큰 자극인가. 이 세상의 어떤 기쁨도 그 이상 큰 것은 없을 것이다'라고 할 정도로 용모에 남다른 애착을 가졌으며, 그 후 큰 충격을 받아 무척 상심하였다고 한다. 하지만 그의 외모 콤플렉스는 그를 예술(회화, 조각, 건축 등)의 대가로 재능을 승화시켰다. 특히 그는 대리석 조각의 입체성에 몰두하여 독보적인 성과를 나타냈다.

또한 고려가 낳은 위대한 불교실천 운동가이며 고승인 균여대사도 못생긴 외모 때문에 승려의 길을 택했다고 한다. 균여의 어머니가 60세에 임신하여 칠 개월 만에 태어난 균여는 얼굴이 못 생겨서 집안에 가두다시피 키워 외모 콤플렉스를 가지게 되었다고 한다. 하지만 어려운 불경을 일러주면 그대로 외울 정도로 누뇌가 명석하여 열다섯 살 때 사촌형인 선균을 따라 승려가 된 후 고승과 학자들의 저서에 상세한 주기와 해설을 달아 일반 서민들 누구나 보고 실천에 옮길 수 있도록 했다고 한다. 또한 그는『균여전』에 실린

「보현십원가」라는 향가 11수를 짓고 화엄사상을 널리 펴서 불교의 대중화에 노력하여 고대 국문학 연구에서는 빼놓을 수 없는 귀중한 자료가 됐을 정도로 대성하였던 것이다. 한번은 대사의 고명을 듣고 송나라 사신이 그와 접견을 간절히 원했지만 자신의 학덕이 낮다는 이유로 접견을 피해 추한 용모를 숨길 정도로 여간해서 남 앞에 나서지 않았다고 한다. 하지만 국왕의 부름에는 어쩔 수 없이 응했다고 한다. 이렇듯 균여도 평생 외모 콤플렉스를 심하게 지니며 살 정도로 그것은 매우 어렵고 예민한 문제였다.

그런가 하면 콧수염으로 유명한 독일의 카이젤 황제는 무슨 일이든 마음 내키는 대로 해치우는 과격한 성격의 소유자였다고 한다. 그러한 그의 성격에는 귀가 먼데다가 왼손을 사용하지 못하는 불구 콤플렉스와 연관이 있는데 이는 카이젤 부모(빅토리아)의 편협 된 사랑으로 애정결핍과 비인간적인 교육 때문이었다고 한다. 부모에게 버림받다시피 한 카이젤을 엄격하고 냉혹한 칼뱅파 여선생이 군사훈련을 시켰는데 그녀는 왼손을 못 쓰는 그에게 발걸이가 없는 말을 타고 달리도록 시켜서 눈물을 머금고 수련을 해야 했으며, 하루에 공부도 12시간씩이나 시켰다고 한다. 스승으로서 따뜻한 위로와 격려를 하며 가르치기는커녕 신체불구자라고 그를 무시해서 그가 더욱 비뚤어진 성격이 형성되었다고 한다.

또한 영화 톰 후퍼 감독의 〈킹스 스피치〉는 현 영국 여왕인 엘리자베스 2세의 아버지인 조지 6세의 실화를 다룬 영화이다. 조지 6세는 에드워드 8세인 형과 미국인 이혼녀 심프슨 부인과의 '세기의 스캔들'로 인해 본의 아니게 왕위에 오르게 된다. 하지만 그 역시 어렸을 적 유모의 가혹한 양육방법과 강압적인 훈계, 부모의 애정결핍으로 위축되어 내성적인 성격이 되어 말을 하거나 글을 읽을 때 심하게 말을 더듬는 콤플렉스를 가져 대중 앞에서 연설을 많이 해야 하는 국왕의 자리를 몹시 버겁고 힘들어 했다. 그때 왕비가 수소문하여 언어 치료사를 찾아가서 국왕을 날마다 끈기를 가지고 지속적으로 스피치 연습과 훈련을 통해 그 콤플렉스를 극복하게 하였다. 그후 조지 6세와 언어치료사는 연설을 할 때는 늘 같이 했으며, 평생친구로 지냈다고 한다.

1999년 노벨문학상 수상자인 독일의 귄터 그라스는 그의 소설 『양철북』에서 주인공인 난쟁이 오스카 마체라트가 자신의 세 번째 생일날 의도적으로 계단에서 떨어져 성장을 중단하기로 결심하고 양철북을 잡게 한다. 오스카는 외견상으로는 94cm의 난쟁이에 불과하지만 정신적으로는 태어날 때부터 성인의 지성을 갖춘 인물이다. 비정상적인 난쟁이 오스카가 정상적인 사람들이 더욱 비정상적이라는 사실임을 좁은 시야로 올려다보는 세계를 의미하는 내용이다. 즉, 귄터 그라스는 어린애와 같은 작은 키 때문에 성인의 세계에도 속하지 못하고 성인의 지성을 가졌기 때문에 어린이 세계에도 속하지 못하는 주인공 오스카의 비 인습적인 역할을 통해 도덕적, 종교적, 성적 터부를 무너뜨리는 것이다. 동시에 비뚤어진 그의 시각을 통해 1920년대에서 1950년대까지 전쟁과 전후 시대의 독일의 일그러진 역사현실을 희화적이면서도 그로테스크하게 그렸다고 볼 수 있다

'아동 문학의 아버지'라 불리는 안데르센은 마을의 빈민층 아이들이 다니던 초등학교에 다녔으나, 열한 살 때 아버지를 여의고 어머니가 재혼하면서 초등학교도 마치지 못하고 공장에 들어가 일을 해야만 했다. 불행했던 어린 시절의 체험이 작품에 육화된 것도 독자들이 감동을 이끌어내는 데 큰 미덕으로 작용했다. 안데르센은

이런 어린 시절의 외로움을 문학과 연극에 몰두하면서 극복했다고 한다.

우리나라 최고의 가창력을 가진 가수 인순이도 혼혈인이라는 것이 외모로 드러나서 "학교 다닐 때는 남들 앞에 나서는 것이 가장 두려웠"을 정도로 유명해지기까지 차별과 소외를 받으며 많은 어려움을 겪으며 무명의 세월을 보냈다고 한다.

어머니의 DNA를 많이 물려받은 필자 역시 외모 콤플렉스를 적지 않게 영향 받았다. 학생 때에는 집안 형편이 가난하고 예쁘지 않는 외모였지만 비교적 모범생이었고 공부도 그럭저럭 잘했고 온순했기 때문에 외모 콤플렉스를 심하게 느끼지는 못했다. 하지만 결혼을 하고 직장생활과 교회를 다니고 문학 활동을 하면서 무대에 서는 일들이 많아졌다. 학원이나 학교에서 아이들을 지도할 때는 미처 느끼지 못했다. 하지만 성인 대상의 문예창작반 강의나 교회에서 기도나 찬송, 문인협회의 행사인 출판기념회나 시낭송 같이 대중 앞의 무대에 서면 긴장을 하여 손과 팔, 다리, 심지어는 목소리까지 떨려서 몹시 민망했던 적이 많았다. 그런 후부터 적극적으로 앞에 나서서 일하기보다는 주변 사람들에게 양보를 하거나 정중하게 핑계를 대며 사양을 하곤 했다. 그러다보니 성공적인 직장생활과 심리적으로나 경제적으로 좀 더 안정적인 삶과 폭넓은 인간관계를 맺을 수 있는 좋은 기회들을 많이 놓쳤다. 그래서인지 남보다 더 고달프고 굴곡진 삶을 살아온 것 아닌가 하는 생각에 아쉽고 안타까움이 들곤 했다. 병원이나 한의원에 들려 수술을 하거나 치료를 받거나 꾸준하게 스피치 연습을 하지 않았는지 후회될 때가 많다. 그렇다고 필자가 삶이나 인간관계에서 소극적이거나 수동적으로 살아온 것은 아니다. 하지만 내 자신보다도 가족들의 일을 먼저 생각하고 집안 형편과 사정을 먼저 고려하여 핑계로 미루었던 자발적인 의지의 발로가 오히려 남보다 뒤쳐진 삶을 살게 된 원인이 된 것만 같아 가족이나 나 자신에게 미안하고 측은하게 여겨지는 것은 어쩔 수 없는 아쉬움이다.

이렇듯이 콤플렉스(외모)는 인생을 좌우할 정도로 한 사람의 삶과 인간관계에 깊이 관여하며 많은 영향을 끼친다. 앞선 예처럼 콤플렉스를 가진 사람 중에는 자신의 열등감이나 콤플렉스를 극복하기 위해 노력하여 콤플렉스가 삶의 에너지원이 되기도 하고, 전화위복으로 성공을 하는 등 경우에 따라서 긍정적으로 승화시키는 경우도 많이 있다.

따라서 자신의 콤플렉스나 헨디캡이 인지되거나 의식된다면 방치하거나 미루지 말고 좀 더 적극적이고 능동적으로 용기를 내어볼 필요가 있다. 수술이나 재활치료와 같은 현대의학이나 극복하려는 적극적인 의지를 가지고 수많은 연습과 피나는 노력을 해본다면 삶에서 미련이 남거나 후회되지 않는 좀 더 나은 성공적인 인생과 행복한 삶을 살게 되지 않을까 생각해본다.

꿈을 그릴 수 있는 공간

꿈을 그릴 수 있는 공간이 있다는 것은 얼마나 행복한가.

나는 지금껏 그 꿈을 꿀 수 있는 나만의 방이나 공간을 가져 본 적이 없다. 어렸을 적부터 형편이 넉넉하지 못한데다가 형제가 많아 내 방을 가져본다는 것은 꿈도 못 꾸었다. 하지만 꿈을 그릴 수 있는 공간을 떠올린다면 비록 비좁고 허술한 공간이지만 오래 전에 운영했었던 조그만 가게를 말하고 싶다.

그 조그만 가게는 8평 정도의 비좁고 허름한 공간이었지만 내 꿈을 그릴 수 있는 소중한 삶의 공간이었다. 남편과 일찍 결혼을 하게 되면서 대학을 가지 못했던 나는 그 가게를 운영하면서 한국방송통신대학교에 다니기 시작했다. 손님이 없는 한가한 시간을 이용하여 교재를 보고 녹음된 방송테이프를 들으며 시험공부도 하고 리포트를 썼다. 가게 앞에 놓인 정보지를 읽고 백일장에 응모하여 문학 활동도 하게 되었다. 학교 시험이 끝나고 마음의 여유를 가지고 책을 보고 글을 쓰거나 친구들에게 한 통의 편지를 쓸 때면 더없이 마음이 편안하고 행복했다. 허름하기 그지없고 어설프기

짝이 없었지만 그래도 나만의 그 공간이 주어진 것만으로도 나는 하나님께 감사했고 기뻐했다.

그런 가게를 육 년간 운영했다. 처음엔 남편이 다니던 회사가 부도가 나서 직장을 구해야만 했고, 작은아이가 선천성 심장병으로 큰 수술을 필요로 해서 무슨 일이든 해야만 했기에 막연하게 경제적인 문제해결을 위한 방편이었다. 감사한 것은 하루 종일 바쁜 것이 아니고 주로 때에 맞추어서 손님들이 드나든다는 점이었다. 나는 장사할 준비만 완료해놓고 자투리 시간을 이용해서 꿈을 그려나가기로 했다. 국어교사이면서 틈틈이 글을 쓰는 작가가 되는 것이 나의 꿈이었다. 하지만 결혼과 동시에 삶에 의해 밀려난 문학에 대한 막연한 동경, 그 멀기만 한 바람은 작은아이의 건강이 완쾌되고 아이가 초등학교에 들어가면서부터 간절한 그리움의 형상으로 다가왔다. 언젠가는 접어두었던 꿈을 펼쳐 보이리라 마음먹었던 것이 불길처럼 일어 늦게나마 방송통신대학교 국어국문학과에 진학하기로 마음먹은 것이다. 정말 대학을 가고 싶어도 가지 못했던 그때의 나의 형편과 처지에서는 간절한 바람이었고 유일한 소망이었다. 그리고 그것은 내 존재의 이유 중 많은 비중을 차지했고 내 꿈을 펼치기 위한 도움닫기요 발판이 되기도 했던 것이다.

얼마 전이었다. 지하에 세 들어 살고 있던 한 아주머니가 수재로 집이 무너지는 바람에 중학교를 다니던 딸을 잃고 말았다. 그 아주머니는 딸이 몇 가지 소망을 적어놓은 일기상의 한 구절을 뱉리는 목소리로 울부짖듯 되뇌었다. 공부하고 싶을 때 마음대로 공부할 수 있는 아담한 방이 하나만 있었으면 좋겠다고…….

나는 애절하게 울부짖는 그 아주머니의 모습을 보고 가슴 밑바닥에 앙금처럼 가라앉았던 뜨거운 그 무엇이 복받쳐 올라오는 것을 느꼈다. 그 동안 그 소녀는 얼마나 마음속으로 간절히 바랐을까. 햇볕 드는 창가에 보송보송하고 아담한 공부방을……. 그 딸은 그런 방에다 예쁜 커튼도 하고 싶었을 것이고, 책상 위에다 자기가 좋아하고 즐겨보는 책들을 꽂아놓고 독서도 하고 글도 쓰고 싶었을 것이고, 친구들에게 예쁜 편지도 쓰고 싶었을 것이다. 크거나 화려하지 않는 너무도 소박하고 평범한 소망, 그 수수한 소망이 채 이루어지기도 전에 그 예쁜 꽃망울이 사라진 것을 생각하니 가슴이 아팠다. 자식이 노래처럼 속삭이던 이루어질 수 없는 소망이 웅웅 귓가에 메아리 칠 터인데 그 아주머니는 괴로운 그 시간들을 어떻게 보내고 계실까 생각하니 생떼 같은 자식을 가슴에 묻어야 했던 그 분이 눈앞에 아른거려 가슴이 뭉클하니 아려왔다.

그런 것에 비하면 나는 얼마나 행복한가. 삼 만 여권의 책을 진열해놓은 대통령의 서재가 부럽지 않았다. 내 아이들이 건강하게 자라고 틈틈이 책을 읽고 글을 쓸 수 있는 가게, 때때로 창가에 서서 먼 서해바다를 바라보며 커피 한 잔을 마실 수 있는 이 작은 공간의 배려만으로도 나는 하나님께 감사드리고 싶었다.

어느 곳이든 꿈을 펼칠 수 있는 공간이면 좋다. 삶의 현장인 가게면 어떻고 거실이면 어떠하며 책장이 즐비한 서재면 어떻단 말인가. 그저 책을 읽을 수 있고 자신의 마음을 펼치고 꿈과 소망을 그려나갈 수 있는 공간이면 좋지 않은가. 비록 부족하고 허술하고 비좁은 작은 공간이지만 자신에게 주어진 삶의 공간에서 자신만의 색깔과 향이 곱게 우러나는 가슴 훈훈한 이야기를 글로 쓸 수 있다는 것, 얼마나 감사하고 행복한 일인가.

하지만 IMF를 벗어나서 경제적인 여유가 생긴다면 아담하고 온화한 나만의 방을 꼭 가지고 싶다. 그리고 하늘나라에서라도 수재로 목숨을 잃은 그 아주머니의 딸이 그렇게 간절하게 소망하던 것들이 꼭 이루어질 수 있기를 진심으로 기도해본다.

어느 저녁 산책길

특별한 약속이 없어도 퇴근 시간은 기다려진다.

퇴근 시간은 비록 짧지만 그 즐거움을 나는 상당히 즐겼다.

플라타너스가 어우러진 어슴푸레한 늦은 오후, 퇴근을 하고 나서면 가로수길이 하루종일 지친 내 마음을 흐뭇하게 반겨주었다. 땀 흘린 자들의 흡족한 얼굴들이 형형색색의 꽃물결처럼 번져온 거리, 그 인파에 무작정 섞이면 하루의 일을 마치고 가져보는 작은 여유로 내 마음은 아름답게 물들여졌다.

하지만 일 년 전부터 시작된 IMF 한파로 직장을 그만 둘 수밖에 없었다. 몇 달을 이래저래 지내다보니 밋밋하리만큼 단조롭고 건조한 생활에 막막함까지 들었다. 백만이 넘는 실직자들이 늘어만 가고 있는 시대에 특별한 능력을 가지고 있지 않는 주부로서 새로운 직장에 취직한다는 것은 말할 것도 없고, 그렇다고 모든 업종이 대형화 되어가는 이때에 자영업을 하기도 상당히 어려운 실정이 아닐 수 없다.

그런 퇴근길이 그리웠다. 출근할 때와는 다르게 퇴근길은 시간적으로나 심리적으로 여유가 있었다. 가로수 사이로 파스텔로 색칠해 놓은 것 같은 하늘과 검붉은 유화 물감을 굵직한 붓으로 섞어 덧칠해 놓은 것 같은 비단결 같은 금강, 그 위에 넉넉히 낚시한 고깃배 두어 척과 멀리 둥지를 찾아 떠나는 바닷새 몇 마리 날아가는 편안한 정경, 그러한 광경도 퇴근길에서만이 느껴볼 수 있는 즐거움이 아니겠는가. 그러한 모습을 마주 바라보노라면 하루 일을 마치고 되돌아갈 수 있는 안식처가 있다는 것이 그렇게 고맙고 감사할 수가 없다.

퇴근길이 고즈넉한 달밤일 때는 한 편의 고운 서정시를 읽고 있는 느낌까지 들지 않았던가. 온 누리를 수묵화로 그려놓은 것 같은 달빛과 싸악-싸악- 댓잎 스치는 밤바람, 그 밤바람이 스칠 때마다 성글게 반짝이는 별빛, 비록 집에 가면 산더미 같이 쌓인 일들이 나를 기다리고 있을지언정 그 가운데서 잠시 잊고 살았던 또 다른 나를 발견하는 즐거움에 특별히 즐거운 일이 없더라도, 하루를 되돌아보며 내가 했던 말들과 행동들을 점검하듯 더듬어보는 홀로 가져보는 그 시간이 마냥 즐겁기만 했다.

가뿐한 발걸음으로 길을 걷고 싶은 늦은 오후다. 저녁을 일찍 먹고 터벅터벅 어스름한 어둠을 안고 걸어본다. 과일가게에서 간판불이 막 꺼진다. 젊은이가 셔터 문을 반쯤 내릴 때, 수더분한 아저씨 한 분이 묵직해 보이는 비닐봉지 하나를 들고 나선다. 두 사람은 서로를 바라보며 무언가 말을 주고받더니 젊은이가 비닐봉지를 받아 들고는 흐뭇한 웃음을 흩날리며 길을 걸어간다. 우연히 지나가며 바라본 장면이지만 너무도 행복하고 아름다운 부자의 모습이다. 아름다움이 묻어나는 행복은 바로 저렇게 가까이 있는 것이 아닐까. 가깝고 친밀하게 서로를 생각하고 챙겨주며 있는 그대로의 삶을 인정해주는 따뜻한 가슴, 그 가슴들이 나누는 정겨운 말과 행동, 그 따뜻함이 배어나오는 익숙하고도 편안한 표정들…….

갑자기 퇴근하는 사람들이 부러워진다. 나도 평범한 주부로서 일상의 마무리가 아닌 무언가 생산적인 일을 마무리하고 싶다. 하루 일을 마치고 내일을 꿈꾸며 행복을 그려나가는 사람들의 흐뭇한 얼굴, 그 생기와 웃음이 피어나는 얼굴들을 만나는 퇴근길, 그 퇴근길에서 이웃들의 행복하게 살아가는 모습을 바라보며 가슴 뿌듯함도 느끼고 싶다. 주어진 하루의 생활을 사람과 사람 사이에서 따뜻함을 나누고 밝은 웃음으로 보내는 것, 그 속에서 느껴보는 나만의 작은 여유, 그 시간을 꿈꾸는 기쁨과 즐거움, 얼마나 가슴 부푼 기내이며 즐거움인가. 비록 내일의 일이 오늘과 같이 빈복된다 할지라도 말이다.

조금 전에 보았던 부자의 퇴근하는 모습이 선하게 그려지는 저녁 산책길이다.

아련한 그리움의 향기

연 삼일 째 비가 온다. 추녀 끝에서 떨어지는 낙숫물은 얕게 파인 물웅덩이에 굵직한 물 튀김을 하면서 물거품을 일으키고 있다. 한참 식욕을 돋웠던 제비가 낮게 날며 머무를 곳을 찾으려고 빙빙 돈다. 질펀하게 내리는 비를 바라보노라니 어렸을 적에 비 오는 날이면 어머니께서 부침을 해주셨던 생각이 일었다.

얼른 부침 준비를 한다. 부침은 냄새부터 군침을 돌게 한다. 빗속에 옛 향수도 넌지시 흘려보낼 겸 애호박에 부추 조갯살과 청량고추를 썰어 넣고 갖은 양념을 해서 부침을 하니 아주 먹음직스럽다. 혼자 먹으려고 하니 청승맞아 보여 옆집에 혼자 사시는 할머니가 생각났다.

가끔 심심할 때면 우리 집에 자주 오셔서 무료를 달래주시던 할머니이다. 출가한 딸들 얘기며 손자들 자랑, 그리고 동네의 이런저런 이야기들을 곧잘 익살스럽게 들려주시는 할머니다.

빈대떡 서너 장을 들고 그 할머니의 군청색 양철 대문을 열고 들어갔다. 그날따라 불안한 예감처럼 아무 소리가 없다. 할머니를 두어 번 불렀을 때, 옅게 흘러나오는 할머니의 신음 섞인 대답이 들렸다. 할머니는 온 몸이 불덩이 같았고 이마엔 달구어진 구슬땀이 방울방울 맺혀 있었다. 서둘러서 병원을 가자고 했지만 할머니는 괜찮다고 막무가내였다. 할 수 없이 이마에 물수건을 얹어 드릴 생각으로 부엌문을 열었다. 그러자 흙탕물이 흥건히 고여 있었고, 그 위에는 귀퉁이 나간 주황색 플라스틱 바가지가 둥둥 떠 있는 것이 아닌가. 아마 혼자 사신 할머니가 그 빗물을 밤새 퍼내느라 몸살이 나셨던 모양이었다. 흙탕물을 한참 동안 퍼냈을 때, 우리 집 앞에 물웅덩이보다도 더 깊고 넓게 물을 퍼낸 흔적이 패여 있었다.

문득 시골에 홀로 계신 친정어머니가 생각나 가슴이 흙물처럼 흐려지면서 아픔이 밀려온다.

초등학교 4학년 여름이었다. 그 해 여름은 유난히도 비가 많이 왔었다. 어머니는 남의 일을 하러 갔다가 장대비를 잔뜩 맞고 오셨다. 그 때 우리 집도 부엌이 마당보다 낮아 장맛비처럼 비가 많이 온 날은 아궁이에 물이 고여 잿 가루가 녹아 까만 연탄 가루를 타 놓은 것만 같았다.

장맛비가 계속 된 어느 날 어머니는 시름시름 아프셨다. 고단한 몸으로 부엌문 틈으로 흘러들어 온 빗물을 퍼내느라 밤새 잠도 못 주무시고 결국 몸살이 나셨던 것이다. 지금 생각해보니 어머니는 날씨가 흐려지거나 비가 온 날은 여기저기 몸이 아프다고 팔다리를 주무르라고 하셨던 생각이 난다. 그렇게 내친을 앓아 누워 베갯잇을 적시는 것을 나는 몰랐다. 빗물보다도 더 축축이 적셔오는 외로운 아픔, 그 때 내가 왜 어머니를 도와드리지 못 했으며, 어머니의 아픈 마음을 헤아려보지 못 했던지 결혼해서 애들을 키우며 생각해보니 너무나 후회가 되고 가슴이 아프다.

그런 와중에서도 어머니는 보릿고개의 어려움을 내색치 않고 '비 오는 날은 부침개가 제일이여'하시며 군침 도는 부침을 맛있게 해주시곤 했다. 철없게도 어머니께서 해주셨던 그 부침은 냄새부터 식욕을 일으키며 왜 그렇게도 맛있었던지…….

가끔씩 비 오는 날이면 그 부침이 몹시도 생각이 난다. 아무리 맛있게 해보려고 흉내를 내도 어머니의 그 맛을 따라갈 수가 없다. 오뚝이처럼 암팡지게 약함을 보이지 않으셨던 어머니! 자식들 다 출가시키고 덩그마니 큰집에 홀로 계셔서 어디 아프지나 않는지 가슴 아린 그리움이 밀려와 코끝이 찡하게 눈물이 돈다. 그래서인지 비 오는 날에 해먹는 부침은 내 가슴속에서 영원히 잊지 못할 아련한 그리움의 향기를 피워 올린다.

옆집 할머니도 하루 빨리 완쾌하셔서 한갓 부침이지만 맛있게 드시면서 이런저런 소소한 일상들을 함께 나누어주셨으면 좋겠다.

추녀 끝에서 떨어지는 빗방울 소리가 톡톡 간간이 들린다.

환절기 바다

가슴이 답답하고 무기력해질 때가 있다. 그럴 때면 바다가 그립다. 조그만 배낭 하나 둘러메고 주저함 없이 바다로 떠나고 싶다. 은빛 파도가 부서지는 드넓은 바다. 그 바다를 보면 삶의 의욕이 파도칠 것만 같기 때문이다.

가슴이 확 트일 것 같은 눈이 부시게 파란 바다, 그 바닷가 모퉁이를 휘돌 듯 겹겹이 쌓여 꺾인 바위섬, 그 바위섬 아래 파도가 그려 놓은 오선지 위로 조가비가 음표처럼 얹혀 있는 금빛 모래밭, 그 모래밭에서 파도와 조가비가 들려주는 하모니, 그런 바다의 교향곡을 들을 수 있다면 아무리 힘든 일이 있어도 거뜬히 이겨낼 것만 같은 느낌이 든다.

삶에서 혹은 내가 좋아하는 사람들에게서 서운함과 외로움을 느낄 때 바다에 가고 싶다. 바다를 보면 지친 피로와 외로움이 다 풀린 것만 같다. 바다에 가서 안으로만 삭여왔던 시린 외로움과 가슴 속에 겹겹이 쌓아 둔 푸른 빛깔의 언어들도 바닷물에 풀어놓고 싶다. 그 외로움을 던져 헹구면 은빛 파도처럼 밀려오는 가슴 벅찬 삶의 기쁨이 가득하게 안길 것만 같다.

바다를 갈 때는 마음이 잘 통하는 동행자가 있었으면 좋겠다. 혼자 바다를 가는 것보다도 누구인가가 옆에 있어 가슴에 담아 두었던 이야기나, 즐겁고 아름다운 추억을 나누며 바닷가를 거닐고 싶다. 동행할 사람이 오래 전에 담아둔 과일주처럼 넉넉한 정이 배어 있는 사람이면 더 흡족할 것 같다.

수첩을 펼쳐 본다. 수화기를 들고 이름들을 죽 훑어본다. 마치 낯선 이방인 같은 이름들이다. 각자 뿔뿔이 흩어져 결혼을 하여 남편과 아이들이 있으니 이제는 어디를 가고 싶어도 마음뿐 쉽게 나설 수 없는 여인들이 되었다. 수첩 한구석에 숙이라는 이름이 눈에 들어온다.

숙이와 나는 오랫동안 친하게 지낸 정이 깊은 친구다. 내가 삶에서 피로를 느낄 때나 혹은 사람들로부터 서운함과 외로움을 느낄 때, 그때마다 떠올리던 의지할 수 있는 친구이다.

결혼 전에는 보고 싶다고 하면서 앙증맞은 배낭을 둘러메고 곧잘 나를 찾아왔다. 수원에서 기차를 타고 온 숙이와 나는 바다를 보러 갔다. 우리는 바닷가를 거닐면서 그 동안 지냈던 많은 이야기까지 나누었다. 다리가 아프도록 바닷가를 거니는 동안 숙이는 나에게 이해인 수녀의 「바다」시편들을 파도소리처럼 낭랑하게 낭송해 주었다. 그런가 하면 모양과 색이 예쁜 조가비도 주워서 나누어 주었다. 그러다가 수평선 언저리에 꽃물을 들여놓은 듯 해가 질 무렵이면 숙이는 다시 기차를 타고 떠났다.

눈에서 멀어지면 마음까지 멀어진다고 했던가. 그런 그녀와 나는 결혼이라는 삶의 틀 속에 갇혀 남편의 직장을 따라 멀리 떨어져 지낸 지가 오래 되었다. 아이들이 어느 정도 큰 나와는 달리 그녀는 이제 둘째 아이를 난 지 겨우 두어 달째다. 보고 싶다고 해도 아이들이 딸려 예전처럼 수원에서 군산까지 내려오기가 쉽지 않다.

이제는 내가 그녀를 찾아가야 하는 입장이다. 그런데도 먹고 살기 바쁘다는 핑계로 그녀를 찾지 못했다. 그래서였을까. 언제부터였는지 잘 모르게 깊었던 정만큼 시간이 흘러감에 따라 점점 소원해지기 시작했다. 서로 키 재기를 하는 양 사소한 것으로도 서운함을 느끼고 오해의 골이 깊어질 무렵이었다. 이래선 안 되겠다 싶어 용기를 내어 편지를 띄웠다. 그녀도 나에게서 소식이 오기를 기다렸던 모양이다. 며칠 후 그녀로부터 전화가 왔다. 눈물이 나도록 반가웠다.

얼마 후, 우리는 군산에서 가까운 조그민 바다에서 그녀의 아이들과 함께 다시 만났다. 두 손을 꼭 잡고 바닷가를 거닐면서 조가비도 주워서 선물이라며 나누어 가졌다. 이번에는 내가 바다가 들려주는 교향곡을 배경 음악 삼아 나의 자작시인 「겨울바다」를 낭랑하게 낭송해 주었다.

우리는 그 동안 오해로 묶어 두었던 마음의 매듭과 힘들고 괴로웠던 갈등, 그리고 그 아픈 방황들을 바닷물에 하나하나 풀어놓기 시작했다. 바다는 엇갈린 우리들의 기대와 오해의 골을 하얗게 감싸 안듯 다독였다. 마치 파란 바닷물에 막 멱을 감고 나온 것처럼 그렇게 즐겁고 상쾌할 수가 없었다.

그래서인지 바다를 보며 모래밭을 걷다보면 가슴이 확 트이면서 하얀 파도에 맺혀진 것들을 던져 실어 보낸 것처럼 시원함을 느끼게 된다. 버거운 일상의 무게와 정신적 허기를 느끼지 않게 하기 위해 늘 깨어 있듯 긴장하게 하고, 아픔을 딛고 일어서서 성숙한 삶을 살게 한다. 푸르디 푸른 의지가 스며있어 내면의 깊은 성찰이 밀물처럼 자리매김하게 하게 한다.

그런데 소금기 묻어나도록 조바심으로 목이 타고 가슴이 답답할 때 찾게 되는 바다, 그 바다를 계절에 이름을 붙인다면 혹 환절기바다는 아닐까. 한 계절을 보내고 새로운 계절을 맞기 위한 그런 과정처럼 썰물로 인해 잿빛 갯벌이 허허로이 바닥을 드러내는 외로운 바다, 그 바다처럼 말이다. 너무도 진부하고 상투적인 삶의 태도, 거기에서 오는 크고 작은 아픔들, 그런 것으로부터 벗어나 새로운 변화를 요구하는 삶의 터닝 포인트가 되는 환절기 바다처럼 말이다. 그래서 썰물처럼 마음을 비우고, 파도와 함께 밀려오는 삶의 기쁨을 마음껏 맞이하면 생동감 있는 바다의 교향곡과 정겨운 친구의 시낭송이 낭랑하게 들려올지도 모르지 않는가.

가을의 향기, 아름다운 코스모스

길 양쪽 끝으로 앞이 보이지 않듯 흐드러지게 피어있는 코스모스 길을 볼 때면 가슴이 벅차다.

내가 속해 있는 모임에 S씨는 여린 체구로 자신보다도 회원들의 처지를 먼저 생각하는 모습이 가을 들길의 코스모스처럼 아름답다.

우리 문학 모임은 30대가 주를 이루었지만 40대, 50대, 60대까지 수필문학 지망생들로 구성된 여류모임이었다. 대부분 자녀들이 아직 어려서 학원비와 교육비가 많이 들어가는 연령이다 보니 경제적으로 여유가 있는 상태가 아니었다. 더욱이 IMF로 인해 모두 어렵고 힘든 상황이었다.

그런 우리들의 형편을 잘 아신 지역의 수필가이며 소설가인 R 선생님이 우리 회원들을 위해 지인인 모 건설사 대표에게 의뢰하여 사용하지 않는 사무실을 하나 구해주었다. 우리들은 그곳에서 월1회 모 대학의 교수님을 초빙하여 수필 강의를 듣고 수필을 쓰기 시작 했다. 우리 회원들은 나름 열심히 수필 공부를 하기 위해 일주일에 한 번씩 모여 각자 써온 글을 복사해서 나누어 읽고 서로의 글에 대해 수정해야 할 부분을 서로 지적해주기도 하고 서로의 의견을 교환하며 매주 토론의 시간을 가졌다.

그 날은 중복 더위로 비까지 와서 무척 고온다습한 날씨였다. 우리들은 그 사무실을 '글방'이라 불렀는데 그 문을 열자 웬 시장 보따리가 눈에 들어왔다. 어느 회원이 쇼핑해놓은 것으로만 여겼다.

"덥지? 우리 글공부 끝나면 삼계탕 해먹자."

라며 S씨가 그 보따리를 풀어놓았다. 풀려진 보따리에는 닭에서부터 인삼, 대추, 당근, 부추, 심지어는 냄비와 주걱까지 꼼꼼하게 챙겨져 있는 것이 아닌가.

순간 나는 그 섬세한 마음 씀씀이에 가슴이 뭘 정도로 감탄하고 말았다. S씨는 50대의 교사부부로 전주에서 살고 있었다. 자녀들도 훌륭하게 다 교육시켰고 경제적으로 아직 30대인 우리들보다 나은 형편이었다. 하지만 회원들에게 점심을 해주려고 이른 아침부터 서둘러 이것저것 챙겨왔을 것을 생각하니 회원들을 생각하는 S씨의 따뜻한 마음과 정성이 내 마음에 큰 파문을 일으켰다. 그 분은 믿음이 좋아서 교회에서도 성가대와 피아노 반주를 하시고 야학교에 나가서 주경야독하는 학생들을 무료로 가르치는 봉사도 하고 계셨다. 그림 솜씨도 좋아서 그려놓은 서양화로 우리 동인지 표지화를 대신 해주기도 했다. 또한 나중에 남편이 정년퇴직을 하면 필리핀에 두 부부의 이름을 따서 학교를 설립할 계획을 가지고 기도도 하고 있었다. 그 곳에서 형편이 어려운 아이들에게 배울 공간을 마련해주고 하나님의 말씀도 전파하고 싶다고 했다. 그런 S씨는 나의 선망의 대상이 되곤 해서 나도 나이를 들면 S씨처럼 아름답게 늙어가고 싶다는 생각을 하곤 했다.

그런 S씨는 전주가 집이어서 참석하려면 군산에 살고 있는 우리

보다 1시간 일찍 서둘러서 와야 했다. 오고가는 시간만 해도 두 시간, 글공부하는 시간까지 합하면 거의 하루가 걸린다. 그런데도 늦거나 빠지는 일이 없다. 그 뿐만이 아니다. 글방에서 회원들이 반찬 한 가지씩 가져와서 밥을 해먹었는데 설거지 할 때 물이 튕긴다며 호수를 챙겨 수도에 달아 놓기도 했고, 앞치마나 고무장갑 등 세세한 것들도 준비해서 놓기도 했다. 무더운 날씨엔 냉장고에 넣어둔 수박을 가져오기도 하고 출판기념회 같은 행사를 해도 크고 작은 일들을 도맡다시피 했다. 말보다도 몸에 밴 향기 나는 미덕이 화사하게 피어있는 코스모스처럼 언제나 우리들의 마음을 환하게 했다.

그런데 S씨가 우리 글방에 나온 지 육 개월 정도 되었던 어느 날이었다. 지각도 하지 않던 그 분이 연락도 없이 결석을 했다. 분명 전화를 안 해줄 사람이 아닌데 갑작스러운 일에 혹시 오는 길에 교통사고라도 났나 하는 불안과 혼란스런 생각에 회원들 모두 걱정을 했다. 분명 무슨 일이 있었을 것이라는 생각에 전화를 해보았다.

그런데 오십 년 동안 절친하게 지냈던 친구가 갑자기 암으로 세상을 떠났다고 어렵게 말을 꺼냈다. 그래서 그 친구를 떠나보내고 몸과 마음이 아파 망연자실한 마음에 전화도 못했다고 미안하다고 했다. 전화선을 타고 들려오는 푹 가라앉아 잠긴 목소리는 많은 충격에 젖어 있음을 말해주어 참으로 안타까웠다.

그래서였을까. 그 동안은 가족과 본인을 위해서 살았지만 이제는 상대방의 입장을 배려하고 봉사하며 살고 싶다고 했다.

인생을 계절로 보았을 때 그 분은 분명 가을에 와 있다. 친구를 떠나보낸 상실감과 그로인해 인생의 한가운데서 지나온 삶을 되돌아보며 삶과 죽음에 대해서 생각해봤을 것이며, 친구란 무엇이고 인생에 있어서 무엇이 중요하며 어떻게 살아가야 하는지 수많은 생각들로 깊은 사색의 시간을 보냈으리라.

그런데도 무겁게 짓누르는 아픔과 허허한 상실감을 털어버리고 다시금 굳세게 일어나서 봉사와 나눔을 실천하고자 하는 선한 뜻과 마음가짐이 마치 가을바람에 하늘거리는 맑고 고운 코스모스를 보는 것 같았다.

어느 누가 다가가도 환하고 마음 편안하게 맞이해 주는 가을의 전령사 코스모스! 우리가 살아가는 사회의 질서와 조화를 이루고 있는 우주라는 뜻을 가진 코스모스는 봄부터 여름 내내 싱그럽다가 한바탕 무서운 태풍을 이겨내고 꽃을 피운다.

그렇듯이 이제는 친한 친구를 하나님께 보냈다고 생각하며 아픈 기억을 잊고 차분한 마음으로 글을 쓰는 S씨! 열심히 봉사하며 틈틈이 글을 쓰는 S씨의 친근감 있는 웃음 띤 모습에서 바라보는 이의 영혼이 맑아지는 느낌이 든다.

아름다운 피아노 반주와 고운 목소리로 찬양을 하는 성가대와 야학에서의 봉사, 취미로 꿈을 그리는 그림과 글, 그 분의 다재다능한 향기나는 삶이 우리 모임에서나 혹은 그 어디에서나 파란 하늘 아래 길 양쪽으로 끝없이 줄지어 선 색색의 코스모스처럼 언제까지나 아름답고 멋진 화사한 모습으로 살아가시기를 기도해 본다.

익명의 사랑

연말이다. 따뜻한 것들이 그리워지는 계절이다. '어금니 아빠' 이영학 사건과 모사회복지단체가 기부금을 횡령하여 호화로운 생활로 사회적 파장을 일으킨 사건 때문에 기부문화가 위축되고 있는 요즘, 전주 노송동에는 18년째(2017년 기준) '얼굴 없는 천사'가 소외된 이웃을 위해 써달라며 수천만 원을 몰래 맡겨놓고 갔다는 훈훈한 소식이 전해져 감동적이다. 그 합한 금액이 무려 5억 5천만 원이 넘는다고 하니 실로 놀라지 않을 수 없다. 그 정도의 금액을 기부할 정도이면 어느 정도의 경제력이 있는 사람임에는 분명하다.

하지만 성경에는 '부자가 천국 가기는 낙타가 바늘구멍 통과하기보다 힘들다'고 하지 않던가. '부란 바닷물과 비슷하여 마시면 마실수록 목구멍에 갈증이 오는 것이다'라고 쇼펜하우어도 말했다. 그만큼 99개 가진 사람은 1개 가지고 있는 것까지도 빼앗으려고 할 정도로 부자일수록 나누고 베푼다는 것이 쉽지 않다는 말이다.

하지만 톨스토이는 '부란 분뇨와 같아서 그것이 축적되면 악취를 내지만 그것이 살포되면 땅을 비옥하게 한'다고 말했다. 우리 동으로 약 38조 원 정도를 사회에 기부한 마이크로소프트사의 창업주이면서 세계갑부 순위 1위~2위이고 기부재단 이사장인 빌 게이츠나 '오마하의 현인'으로 불린 주식투자의 대가인 워런 버핏도 사후에 자신의 세 자녀에게는 300만 달러만 남기고 나머지 전 재산 470억 달러(약 60조원)를 자선재단에 기부한다고 선언했으며, 이미 상당수의 재산을 빌 게이츠가 설립한 게이츠 재단 등 자신과 전혀 상관없는 외부 단체에 지속적으로 기부하고 있다고 한다. 또한 면세 체인사업체 듀티프리쇼퍼스(DFS)의 공동창업자인 척 피니는 25년간 약 2,900회나 기부했으며, 그 금액이 75억 달러(8조 213억원)이고 개인자산 대비 기부율 99%나 된다고 한다. 페이스북의 최고경영자인 마크 저커버그도 상속세 탈루 의혹이라는 논란이 있지만 딸의 출산과 동시에 자신의 페이스북 지분의 99%(당시 우리 돈으로 약 52조원)를 기부했다고 발표한 바 있다. 또한 록펠러가 '우리 시대에 가장 혐오스러운 인물'에서 '위대한 기부자'로 제 탄생할 무렵, '철강왕' 앤드루 카네기도 '기부왕'으로 거듭났는데 그때 카네기는 '부자로 죽는 것은 부끄러운 일'이라는 평소 소신대로 재산의 대부분을 기부했고, 은퇴 후에는 자선 사업에 헌신했다. 그 외 고든 무어나 조지 소로스, 엘리 브로드, 월튼 가문, 알프레드 만, 허버트 샌들러, 테드 터너, 마이클 델 등도 2006년 기준 10억 달러 이상을 기부했을 정도로 미국의 연간 자선금은 평균 2천억 달러로 우리 돈 240조 원에 달한다고 한다.

우리나라에서도 이준용 대림산업 명예회장이 전 재산 2,000억 원을 기부했으며, 가수 김장훈도 기부방법으로 논란이 된 적 있지만 지금까지 200억 정도를 기부 했고, 가수 션·정혜영 부부는 일상생활 속에서 늘 나눔과 기부와 봉사를 실천하며 가수가 아닌 사회복지사로 알려질 정도로 현재까지 45억 원 넘게 기부한 것으로 알려졌다. 이들의 선행을 생각해보면 박제가의 말처럼 재물은 우물과 같을지도 모른다. 퍼 쓸수록 그들의 선행과 기부와 봉사는 자꾸 가득차고 넘친다. 그들은 사실 전셋집에 살면서도 100명의 후원으로부터 시작하여 현재까지 900명이 넘는 전 세계 어린이들을 지속적으로 후원하고 있으며, 매달 3,000여만 원이 후원금으로 나가고 있다고 한다. 또한 '얼굴 없는 천사'로 알려진 이남림 씨도 어렸을 적 너무도 가난하여 야학으로 공부를 했고 18살 때부터 서울 남대문시장에서 볼펜과 만년필장사를 시작으로 여러 장사를 해서 노후에 살려고 1984년 용인 상현동과 수원 이의동에 땅 2,500평을 샀었는데 용인 싱헌동에 아파트가 들어서면서 건설업체에 1,800평을 팔아 땅값보상비로 받은 30억 원을 망설임 없이 불우이웃돕기 프로그램인 KBS '사랑의 리퀘스트'에 기부했다. 그런데 일 년 후 이번에는 수원동 이의동에 광교신도시가 들어서면서 땅값 보상비로 40억 원을 받게 되어 세금과 기타비용을 제외하고 30억 원을 다시 KBS '사랑의 리퀘스트'에 기부했다고 한다. 그런데 이남림 씨는 그 전에도 태풍 루사와 매미로 큰 피해를 입은 수재민을 도와달라며 각각 1억 원씩 기부했다는 것이 밝혀지면서 많은 사람들을 감동하게 했다. 그 외에도 파지 주워 모은 돈 1억을 대학교에 기부한 할머니의 일화나 평생 떡볶이나 새우젓을 팔아 모은 돈을 돈이 없이 못 배우는 설움이 없게 해달라며 학교에 기부한 사람도 있고 남몰래 수억 원을 구세군 모금함에 넣는 기업인도 있다.

우리나라에서도 역사적으로 나눔을 실천하며 산 사람들이 많았다. 조선후기 때 가난한 상인의 아들로 태어난 임상옥은 조선의 인삼 독점권을 따내 당대의 거부로 살면서도 죽을 때까지 빈민구제와 시(詩)를 쓰며 여생을 보냈고, 김만덕 역시 제주의 빈민들을 구제했으며, 일제 강점기 때 평양의 백선행도 기부왕으로 소문이 났다. 또한 경주 최준은 영남대학 전신인 청구대학에 많은 토지를 기부했고, 유한양행의 창업자인 유일한은 독실한 기독교 신자로 원칙과 정직으로 윤리경영을 실천한 존경받는 기업인이었다. 그는 경영 일선에서 물러날 때 혈연관계가 전혀 없는 사람에게 사장직을 물려주었고 딸의 학자금으로 쓰일 1만 불을 제외한 전 재산을 교육사업에 기부하기도 했다.

이처럼 기업인이나 정치인 및 유명 연예인들도 나라에 재해나 재난 사고 시 많은 기부금을 후원하는 경우를 왕왕 본다.

특히나 글로벌과 네트워크 시대인 요즘은 기업이나 개인 모두 자신들의 선한 봉사나 기부 및 나눔을 실천하는 일을 할 때 인증샷이라도 찍듯 그런 사진과 함께 자신의 카카오톡이나 카카오스토리 및 밴드, 블로그, 카페, SNS 등에도 포스팅 하여 자신들의 선행과 후원내역이 신문과 방송 및 인터넷에 알려지길 원하고 또한 그 선한 이미지전환과 회복을 위해 적극 노력한다.

굳이 아리스토텔레스의 말을 거론하지 않더라도 인간은 사회적 동물일 수밖에 없다. 이 세상을 혼자의 힘으로 살아갈 수는 없기 때문이다. 우리는 좀 더 나은 미래와 행복한 삶을 위해 나의 가정을 비롯하여 친구나 지인 및 이웃과 직장 동료와 사회에 크고 작은 단체와 기업과 국가와의 지속적인 관심과 대화를 통해 서로 돕고 나누고 함께 성장해 나가야 하는 것이다.

지금 우리 사회는 저출산 고령화와 조선업과 자동차 생산업의 폐쇄와 자영업자들의 폐업이 잇달아 발생하면서 최악의 고용과 실업률로 부익부빈익빈 양극화 현상이 심해지고 있다. 공무원이나 공기업 및 대기업과 중소기업을 다니는 안정적인 직장인은 갈수록 생활이 나아지고 있지만 소상공인이나 자영업 및 비정규직과 계약직의 단기 직장인들과 사회적 약자들의 생활은 갈수록 어렵고 힘든 삶을 살아가고 있다.

칸트의 말처럼 재물은 생활을 위한 방편일 뿐 그 자체가 목적이 될 수는 없다. 아리스토텔레스도 사물의 진가는 그것을 지닐 때보다 사용할 때 제대로 발휘된다고 하지 않았던가.

하나님이 칭찬하는 세 가지 일이 있는데 그것은 곧 가난한 사람이 물건을 주었어도 그것을 주인에게 되돌려 주는 일과 부자가 비밀히 자기 수입의 10%를 가난한 이들에게 주는 사람, 그리고 도시에 살고 있는 독신자로 죄를 짓지 않는 사람이라고 했다. 그런가하면 탈무드에도 이런 말이 있다. 자선을 행하지 않는 사람은 아무리 풍부한 부자일지라도 맛있는 요리가 즐비한 식탁에 소금이 없는 것과 다름없다고 말이다.

'남몰래 하는 선행은 땅 속을 흐르며 대지를 푸르게 가꾸어 주는 지하수 줄기와 같은 것'이라고 토머스 칼라일은 말했다. 채근담에도 '착한 일을 하고 이익을 보지 않음은 풀 속에 난 동과와 같으니 모르는 가운데 절로 자란다'라는 말이 있다.

주베르의 『명상록』에는 '가난한 사람은 덕으로, 부자는 선으로 이름을 떨쳐라.'라는 말이 있다. 가난한 사람이라고 해서 받기만 해서는 안 될 것이다. 나름대로 따뜻하고 선한 말과 행동과 봉사로 사랑과 나눔을 실천하면 좋을 것이다. 선은 또 다른 복을 부른다고 하지 않던가. 비록 기업이나 연예인들의 이미지 전환과 회복일지라도 많이 가진 자의 기부와 나눔과 베품과 봉사는 가난하고 소외된 자들에게는 충분히 따뜻하고 값진 것이며, 삶에 소중한 활력소가 되는 중요한 가치를 지닌다. 왜냐하면 사람은 지갑이 텅 비었을 때 즉 가난해졌을 때 가장 상처 받기 쉽고 예민해지기 쉬우며 위축되는 것처럼 돈은 어떻게 쓰이는지에 따라 가치가 달라지듯 선하게 쓰여져야 한다.

특히나 이런 익명의 사랑을 실천에 옮기는 가슴 따뜻한 사람들이 우리 사회에 많아진다면 우리들의 마음이 얼마나 행복하며 아름다운 사회가 되겠는가.

전주 노송동의 '얼굴 없는 천사'는 '왼 손이 하는 일을 오른 손 모르게 하라'는 성경말씀처럼 남에게 알려지기를 두려워하며 조심스럽게 선행을 하고 있다. 오로지 묵묵히 따뜻하고 선한 일을 잊지 않으면서 드러내어 표현하지도 않고 18년 동안이나 지속적으로 익명의 사랑을 실천에 옮기고 있다. 물질적인 재물이 많고 적고를 떠나서 참으로 대단한 사람이며 보고 배워야 할 사람이라는 생각이 든다.

루키즘[3], 욕망의 경계에 선 불안한 현실의식과 자아의식

1. 서열적 욕망에 대한 외적 탐구

몇 달 전에 '선풍기 아줌마'가 사망했다는 인터넷뉴스를 보게 되었다. 꿈 많은 20대 때 가수로도 활동했던 그녀는 날씬하고 예뻤다. 그러나 더 아름다워지고 싶은 욕망에 불법 성형수술을 받았고 그 부작용으로 실직과 정신분열증에 시달리다 환청으로 삽입한 이물질로 인해 얼굴이 선풍기처럼 커졌다. 다시금 예전의 얼굴이라도 찾고 싶은 마음에 17번이나 대수술을 받으며 재활치료를 해야 했지만 끝내 그녀는 안타까운 비보를 남겨야 했다.

한때 '얼짱'과 '몸짱' 같은 열풍이 사회 전반을 휩쓸며 붐을 일으킨 적이 있었다. 이 얼짱 열풍의 시작은 십대 청소년들이 자신들을

3) 루키즘(lookism)'look'과 'ism'이 합성된 조어로 외모가 개인 간의 우열과 성패를 가름한다고 믿어 외모를 가장 중요하게 여기며 인생에 큰 영향을 미친다고 생각하는 가치관이나 사회적 풍토를 포괄적으로 일컫는 말로 외모지상주의라고도 한다. 2000년 8월 칼럼니스트 윌리엄 새파이어(William Safire)가 《뉴욕 타임스》에 연재하던 칼럼 〈온 랭귀지〉를 통해 인종, 성별, 종교, 이념 등에 이어 새롭게 등장한 차별 요소로 '외모'를 지목하면서 사용한 용어이다. 즉, 새파이어는 해당 칼럼에서 루키즘을 새로운 형태의 차별주의로 개인의 외모가 인종이나 성(젠더), 종교 등과 같이 차별의 요소로 작용한다는 내용이다. (인터넷 다음백과에서 인용함.)

당당하게 표현해내기 위한 신생문화라고 생각했다. 하지만 이를 바라보는 기성세대들은 상업적 코드로 연출되거나 외모지상주의를 부추기는 한 요인으로 여겨 적지 않은 논란이 되곤 했다.

자본주의사회에서 '얼짱'과 '몸짱'과 같은 준수한 외모는 성공적인 삶의 지름길로 가는 첫걸음이라는 생각이 팽배해 있다. 이를 두고 어떤 이는 '얼굴의 정치학'이라고도 하고 어떤 이는 '외모가 경쟁력'이며 '인생역전의 중요한 전략'이고 '아름다운 외모는 보이지 않는 손의 권력자'라고도 말한다. 그만큼 성공적인 삶과 안정되고 풍요로운 삶을 살기 위해서는 기본적으로 얼굴이 예쁘고 잘생겨야 한다는 의식이 기저에 깔려있다.

이렇게 외모가 개인 간의 우열과 성패를 좌우할 정도로 삶에서 매우 중요하다는 인식 때문인지 요즘 중·고등학생 대부분의 여학생들이 화장을 하고 다니고 방학 때나 졸업 후에는 성형외과에서 부위별 성형수술이나 지방흡입수술, 혹은 아름다운 몸매를 만들기 위해 다이어트나 헬스를 다니고 치과에서 치아교정 등을 받는다. 심지어 남학생들이나 젊은 취업준비생들과 일반 중년들까지도 자신의 성공적인 삶을 위해 성형수술이나 피부 및 체형관리를 위해 다이어트를 하는 경우가 허다하고, 면접시험을 앞두고 미용실이나 메이크업 및 네일아트 같은 뷰티 숍을 찾아가 이미지 메이크업을 받는 일이 일반화 되었다.

그도 그럴 것이 한국갤럽이 2015년도에 발표한 설문지에 따르면 응답자의 86% 정도가 '우리 인생에서 외모가 중요하다'고 답했으며, 또 다른 조사에 의하면 한국여성의 53%가 성형수술을 받고 싶어 한다고 했다. 예전에는 성형외과 고객이 대부분 외모관련 분야에 여성이었다면 최근에는 1/3이 남성이라는 통계는 매우 이례적이면서도 현실적이다.

그래서인지 요즘 젊은 사람들을 보면 대부분 얼굴도 예쁘고 훤칠하니 다 잘 생겼다. 연예인들도 거의 성형을 했을 정도로 처음의 얼굴과 많이 달라진 것을 알 수 있다. 또한 선거철이면 TV 토론회에 출연한 후보자들도 좋은 인상을 주기 위해 얼굴 가꾸기와 이미지 메이크업에 적지 않은 시간과 돈을 투자하고 심지어 우리나라 최고의 권위와 전통을 지닌 '미'의 대전인 미스코리아대회에서도 성형수술로 다듬어진 인위적인 미모를 가진 사람이 선발되는 경우가 다반사이다.

2. 미의 변천과 기준

그렇다면 언제부터 외모에 대해 관심을 가지고 미모를 추구하며 중요하게 여겼을까. 그것은 시대나 동서양의 문화나 지역에서 필요로 하는 욕구에 따라 남녀의 미의 상징 내지는 기준이 달랐던 것을 알 수 있다.

고대 여성의 외모는 미의 상징보다는 생존을 위한 종족 보존을 위해서 살찐 여성을 선호했다. 그것은 건강한 태아를 출산하기 위한 일환이었고, 남성의 미의 기준 역시 몸집 좋고 힘세며, 사냥을 잘하는 남자가 인기였다. 살이 쪘고 몸집이 좋다는 것은 먹고 살기 힘든 당시에 잘 먹고 잘 사는 부의 상징이었고 이는 곧 지배계급을 의미하기 때문이다.

조선시대 신윤복의 〈미인도〉나 일본의 〈우키요에〉를 보면 쌍꺼풀이 없는 긴 눈에 부드러운 얼굴선과 가늘고 길게 솟아오른 코를 가진 여성을 동양적인 미의식으로 여겼으며, 옛날 동아시아의 미인도 역시 머리가 검고 눈이 가는 동양 여성이었다고 한다. 중국에서는 '전족'이라 하여 작은 발을 가진 깨끗하고 흰 피부를 가진 호리호리하고 날씬한 여성이 미의 상징이었다. 이러한 것도 역시 미의 상징보다는 부의 상징에 근접했다.

근대에는 뚜렷한 이목구비와 굵고 단단한 선이 잘생긴 남성상이었고 여성 역시 오밀조밀 뚜렷한 이목구비에 부드러운 얼굴선을 선호했다. 현대에서 외모를 평가하는 미의 기준은 큰 키와 작은 머리, 8등신 몸매에 오뚝한 코와 큰 눈을 가진 외모라고 한다.

하지만 너무도 아름다운 외모는 때로는 독버섯처럼 자타를 위험에 빠뜨리거나 무서운 범죄와 부정에 이용되기도 하여 스스로의 생을 좌초하기도 한다. 서양의 미를 대표하는 클레오파트라의 오뚝한 콧날은 지중해의 영웅호걸들이 현혹되어 역사를 바꾸어놨으며, 중국의 양귀비도 당 태종인 시아버지를 남편으로 만들 정도로 시대를 풍미한 경국지색이었다. 그래서인지 당 태종은 과거제도를 실시하여 급제한 인물들을 신언서판(身言書判)으로 인물됨을 평가한 후 인재를 등용하여 기득권 세력을 견제하였다고 한다.

3. 루키즘, 욕망의 경계에 선 불안한 현실의식과 자아의식

이렇게 외모를 중요하게 여기는 배경에는 경제적인 풍요와 삶의 안정적인 여유를 추구하는데서 그 연유를 찾아볼 수 있다.

제4차 산업의 발달로 다양한 분야에 응용되는 드론과 로봇, 3D 프린터, 사물인터넷, 인공지능, 수소나 전기로 만든 자율주행자동차에 말만 하면 핸드폰에서 알아서 모든 정보를 검색해주고 홈 네트워크로 온 집안을 자동으로 관리해주는 스마트폰이 있으니 얼마나 편리하고 여유 있는 세상인가.

이렇게 급변하는 산업화와 정보통신의 발달, 그리고 평균수명 연장으로 누구나 자신의 삶이 예전보다 좀 더 여유 있고 편안하며 행복하게 살아가기를 소망한다. 그러기 위해서는 자본주의 사회의 수단이며 도구인 돈이 필요한 것이고 성인이라면 누구나 직장을 갖지 않으면 살아가기 힘든 세상이 되었다. 그러한 직장인 되기 위해서는 또한 자기 자신을 아름답게 가꾸고 건강한 신체를 갖추기 위해서 관리를 하지 않으면 안 되는 사회 구조가 되어버린 것이다. 따라서 이러한 현 시대의 순환적 사회구조는 직장인들이나 구직자들의 불안한 현실의식을 체감하게 하고 각 개개인의 자아의식에 눈을 뜨게 한 것이다.

이런 현실의식과 자아의식의 욕구는 자연히 이·미용 같은 헤어샵과 네일아트, 메이크업, 피부관리, 헬스, 다이어트나 성형수술, 웰빙 업체를 찾는 뷰티산업을 급진적으로 확산시키는 계기가 되었다. 또한 이들 기업의 적극적인 홍보와 상업주의가 대중매체에 인기 있는 미모의 연예인을 등장시키고 스마트폰의 보급과 대중화로 이들을 모방하려는 각 개인의 미에 대한 외적욕망의 추구가 서로 맞아떨어지면서 자아의식의 표출에 도화선이 된 것이다. 즉 대부분의 현대인들이 얼굴이 예쁘고 날씬한 몸매를 가져야 좋은 직장에 취직할 수 있고, 좋은 직장에 취직해야 좋은 배우자를 만나 물질적인 부와 풍요로운 삶 속에서 안락하게 살아갈 수 있다고 생각하는 것이다. 이러한 물질만능주의와 유물론적인 사고를 가진 개인의 의식구조의 변화와 삶의 방식은 사회 전반적인 시대의 흐름을 바꾸고 새로운 미의 기준과 유행, 그리고 자연발생적으로 외모지상주의와 같은 새로운 사회 풍토를 양산하게 되었던 것이다.

그만큼 자신의 외모를 가꾸고 관리하는 사람들이 많다는 점에서는 긍정적인 의미이기도 하지만 우려의 목소리를 내는 경우도 많다.

자신의 개성과 취향, 그리고 내적인 인품이 자연스럽고 멋스럽게 겉으로 드러나기보다는 타인의 욕구나 필요에 의한 계산적이고 서열적인 외적욕망의 추구라는 점과 우리 사회 전반에서 이왕이면 얼굴도 예쁘고 잘 생긴 사람을 더 선호하다보니 다이어트나 성형수술에 대한 강박증으로 막대한 시간과 돈을 낭비하게 되고 변형된 신체로 오히려 건강을 해치거나 질병과 죽음에 이르기도 한다. 또한 개성이 없는 획일화된 외모가 되어버린다는 점과 그런 외모가 우열과 성패를 가름하는 경쟁력이 되어 그렇지 못한 사람들에게 상대적 박탈감을 주거나 경시하는 마음과 차별을 할 수도 있다는 우려와 그러한 유행을 무리하게 따르려는 경향은 결국 상업주의와 물질만능주의를 부추기고 이는 또다시 심각한 고용문제를 파생시켜 부익부빈익빈의 사회양극화로 연결되는 악순환이 될 수도 있다는 것이다.

링컨은 '40세가 지난 사람은 자기의 얼굴에 책임을 져야 한다'라고 말했고, 구약성서의 집회서에서도 '옷차림과 웃는 모습, 그리고 걸음걸이는 그의 인품을 나타낸다' 고 했으며. 파스칼도 '너그럽고 상냥한 태도, 그리고 사랑을 지닌 마음! 사람의 외모를 아름답게 하는 이 힘은 말할 수 없이 큰 것이다'라고 했다. 또한 그라시안도 '아름다운 외모보다 착한 마음이 더욱 고귀하다. 형식보다 내용이 보다 중요하다'라고 말했듯이 청결하고 단정한 옷차림에 기품있고 은은한 아름다움이 자연스런 외모로 흘러내릴 때 진정한 아름다움이라 말하지 않을까.

아름다운 노후, 그 나이 듦에 대하여

벌써 하늘의 뜻을 안다는 오십대 중반이다. 백세 시대에 인생의 한가운데를 지나가고 있는 것이다. 걸어왔던 지난날의 옛길을 되돌아보니 어떻게 여기까지 왔나싶게 까마득하니 숨 가쁘게 달려온 것만 같다.

나이가 든다는 것은 긴 안목으로 세상을 멀리, 그리고 넓게 관조하여 지혜롭게 처신하라는 의미일 것이다. 그런데 삶을 살아가는 일이나 사람들과의 관계가 아직도 서툴고 낯설기만 하다.

특히나 코로나19로 많은 사람들이 마음의 여백 없이 팍팍하게 살아가는 것만 같아서 골다공증 걸린 관절처럼 가슴에 구멍이 뚫린 듯 헛헛하다.

아름답게 나이 들어간다는 것은 참으로 어려운 일인 것 같다. 일단 건강해야 하고, 먹고 살아가기 위해 부족함이 없도록 적당한 돈도 있어야 하고, 외롭지 않게 마음을 터놓고 지낼 말벗도 있어야 한다. 주어진 현실이 돈을 벌어야 하는데 건강한 몸을 가지고 있는데도 나이가 많다는 이유로 적당한 일을 찾지 못해 마음이 외롭고 쓸쓸한 이가 있는가 하면 돈은 퇴직금이나 연금 등으로 먹고 살아가는데 부족함이 없는데도 건강하지 못해 슬프고 우울한 이가 있기도 하다.

그래서 '늙어가는 법을 안다는 것은 지혜의 걸작으로 위대한 삶의 예술 가운데서도 가장 어려운 장에 속한다'고 헨리 프레데릭 아미엘이 말했는지도 모르겠다.

늙어가는 법을 안다는 것, 그것은 아마도 지혜롭게 나이 든다는 것일 것이다. 주어진 현실적인 환경의 변화와 신체적인 이상 징후, 그리고 정신적인 마음가짐으로 다가올 노후를 인정하고 수용하며 그 환경에 적응하고 실천해 가는 것 말이다.

한없이 주어진 많은 시간들을 무엇을 하며 지낼 것인지 적당한 소일거리도 찾아야 하고 자신의 건강에 맞는 운동과 먹거리도 신경 써야 하며, 지혜롭고 아름답게 나이 들어가기 위한 구체적인 삶의 계획과 마음의 정립도 필요하다.

지인 중에는 나의 노후에 롤 모델로 삼고 싶을 정도로 멋지게 살아가는 분이 두 분 계신다. 한분은 초등학교 교사부부로 명예퇴직 후(남편은 정년퇴직함) 필리핀에 남편과 자신의 이름을 본 딴 학교를 퇴직금으로 설립하고 그곳의 아이들을 가르치고 봉사하면서 믿음을 전파하며 살아간다. 그 분은 틈틈이 작가로 글을 쓰고 음악활동을 하고 그림을 그리기도 한다. 방학 때면 해마다 못 가본 세계 여러 나라를 남편과 여행을 하며 건강하고 활기차게 살아간다. 또 한분은 모 방송국에서 정년퇴직 후 평생교육원이나 복지관, 문예교실 등에서 후진양성으로 수필을 지도하며 자신이 좋아하고 잘하는 글을 쓰며 멋지게 살아가는 분이다.

노후에 이렇게 멋지고 아름답게 살아갈 수 있다면 얼마나 좋을까? 하지만 대부분의 노인들의 현실은 그렇지가 못 하다. 자신의 몸도 편치 않는데 '황혼 노동'으로 자식들 교육비에 양가 부모님의 병원비 보태기도 힘겨워한다. 또한 어떤 이는 자식들의 이혼으로 손자손녀를 키우기도 하고 어떤 집은 세대 간의 실업으로 가족관계가 단절되거나 소원해져 고달픈 노년을 보내며 우울과 가난의 굴레에서 벗어나려고 몸부림치는 사람들도 있다. 그들의 입장과 상황을 보면 참으로 안타깝고 안쓰러워 남일 같지 않다.

초 고령화 사회로 치닫고 있는 우리나라에서 노인부양 문제뿐만 아니라 노인들의 빈곤과 질병, 고독과 소외, 무위 등 노인들의 전반적인 문제는 다 같이 고민해봐야 할 우리 사회의 문제가 아닐 수 없다. 오죽하면 OECD 가입 국가 중 '노인 빈곤률 1위', '노인 자살률 1위', '75세 이상 초 고령층 인구 고용률 5년 연속 1위'라는 지표를 얻었겠는가.

그래서인지 삼여(三餘)라 하여 '하루는 저녁이 여유로워야 하고, 일 년은 겨울이 여유로워야 하며, 사람의 인생은 노년이 여유로워야 한다'는 말이 있나보다.

조선의 실학자인 이익의 『성호사설』 중 인사문에 노인의 열 가지 슬픔, 즉 10가지 좌절이 있다고 한다. '대낮에는 꾸벅꾸벅 졸음이 오는데 정작 밤에는 잠이 오지 않으며, 울 때는 눈물이 안 나오고 웃을 때는 눈물이 나며, 30년 전의 일은 기억하면서도 눈앞의 일은 깜빡 잊어버리며, 고기를 먹으면 뱃속에 들어가는 것은 없어도 모두 잇 사이에 끼며, 흰 얼굴은 검어지고 검은 머리는 도리어 희어진다'는 내용이다.

젊었을 적에 천재적인 필력을 보인 빅토르 위고는 노년에 이르러 손이 떨리고 글이 잘 보이지 않고 육체적인 피로감으로 좌절하자 젊음을 확인하고자 말년을 젊은 여인들과의 부적절한 관계로 자신의 부인과의 끝없이 갈등을 하다 생을 보냈고,『전쟁과 평화』,『안나 카레니나』,『부활』을 쓴 도덕적 사상가인 톨스토이도 종교와 가정사로 불우한 노후를 보냈으며, 낭만주의 사상을 탄생시켰고 음악과 예술, 자녀교육에 큰 영향을 끼친 장자크 루소도 비난자들을 피해 여러 나라를 피신다니다 말년을 보냈다고 하니 참 애석한 일이 아닐 수 없다.

그런가하면 다산 정약용은 나이 71세 되던 해에 노인이 된 즐거움을 해학적으로 풀이한 바 있다. 즉 '대머리가 되니 빗이 필요하지 않고, 이가 없으니 치통이 사라지고, 눈이 어두우니 공부를 안 해서 편안하고, 귀가 안 들리니 세상의 시비에서 벌어지며, 붓 가는대로 글을 쓰니 손 볼 필요가 없고, 하수들과 바둑을 두니 여유가 있어 좋다'라는 것이다.

또한 소설가 고 박경리 선생도 '다시 젊어지고 싶지 않다. 모진 세월 가고……. 아아~ 편안하다. 늙어서 이렇게 편안한 것을……. 버리고 갈 것만 남아서 홀가분하다'라고 말했으며, 고 박완서 선생도 역시 '나이가 드니 마음 놓고 고무줄 바지를 입을 수 있는 것처럼 나 편한 대로 헐렁하게 살 수 있어서 좋고, 〈중략〉 하고 싶지 않은 것을 안 할 수 있는 자유가 얼마나 좋은데 젊음과 바꾸겠는가. 〈중략〉 소설도 써지면 쓰겠지만 안 써져도 그만이다.'라고 말이다.

'80세가 돼도 소년의 마음을 가져야 한다'는 괴테의 말처럼 사철 푸르른 상록수 같은 마음으로 살아가고 싶다.

요즘에는 노후에 귀농이나 귀촌하는 사람들이 많다. 하지만 난 시골에서 살 자신은 없는데도 마당이 딸린 텃밭을 가진 전원주택에서 사는 사람들이 좋아보이니 무슨 심사인지 모르겠다.

언젠가 모 방송국의 〈집시맨〉이란 프로에서 노부부가 중고 봉고차를 캠핑카로 만들어서 여행을 가고 싶을 때면 발길 닿는 대로 등산도 하고 바닷가를 보며 삶을 즐기며 노후를 보내는 것을 보았다. 부부가 건강하여 소박한 삶을 즐기며 자유롭게 살아가는 것 같아 나름대로 괜찮아 보였다.

요즘 욜로족이나 꽃중년처럼은 못 살아도 모 국회의원이 원로 시인에게 '참으로 추하게 늙었다'는 소리를 듣거나 권세 있는 자리를 욕심내거나 많이 가지려고 탐욕스럽거나 생계를 걱정하는 '황혼 노동'으로 삶이 고달프거나 병원신세를 지며 자식들이 병원비를 걱정하는 일이 없이 노후를 보냈으면 좋겠다.

사뮤엘 울만의 말처럼 나이를 먹는 것만으로는 늙지 않을 것이다. 이상을 잃고 꿈과 소망을 잃어버렸을 때 하고자 하는 의지나 살고자 하는 의욕을 포기하였을 때 심신은 늙어가게 될 것이다. 다산 정약용 선생이나 박완서, 박경리 선생처럼 긍정적이고 여유 있는 마음으로 자연스럽게 노화됨을 인정하고 받아들이며 품위 있고 너그럽게 나이 들어가고 싶다. 이왕이면 앞선 롤모델처럼 글도 쓰고 봉사도하고 고맙고 감사한 이들에게 마음과 정을 주며 느긋하고 넉넉한 마음으로 아름다운 노후를 맞이하며 나이 들어가고 싶다.

제 3 부

세상 풍경 마주하기

인생의 미로에서 치즈를 발견하는 법

다시 한 번 이 책을 다시 읽기 시작했다. 사실 이 책은 칠팔 년 전에 읽었던 책이었고 그 때 당시만 해도 우리나라는 IMF를 벗어나기 위한 노력을 아끼지 않았던 시기였다. 책 곳곳에 밑줄이 그어진 것만큼이나 무척 감동적이었고 획기적이었던 책이다.

이 책에서는 네 주인공(스니프와 스커리라는 두 마리 생쥐와 헴과 허라는 꼬마 인간)이 나오는데 그 중에 "헴"이라는 주인공이 IMF 당시 우리나라, 우리 국민들, 아니 나의 모습은 아니었나 하는 생각이 들었기 때문이다.

이 책은 크게 세부분으로 나누어져 있다. 제1장인〈모임〉에서는 고교동창생들이 오랜만에 만나 빠르게 변해가는 세상에서 자신만의 삶에 적절하게 대응하지 못했던 아쉬운 모습과 제2장〈이야기〉에서는 마이클이 들려준 우화의 내용, 그리고 마지막 3장인〈토론〉에서는 이 우화가 그들의 다양한 삶 속에서 새롭게 해석되고 적용되기 위한 고민이나 갈등을 토론하는 내용으로 전개된다.

우화 중에 스니프와 스커리라는 두 마리의 생쥐와 헴과 허라는 두 명의 꼬마는 미로 속에서 치즈를 찾기 위해 모험을 시작한다. 여기서 말하는 '치즈'란 행복을 가져다주는 상징물로 자신들이 갈구하는 것 즉, 좋은 직업이나 인간관계, 학벌이나 명예, 혹은 영적인 평화나 건강 같은 삶의 목표를 의미하는 것들이다. 또한 미로는 우리가 생활하고 있는 가정이나 직장, 자신들이 소속되어 있는 모임이나 단체에서 예상치 못했던 변화에 대처해가는 우리들의 전형적인 모습들을 말한다.

스니프와 스커리는 어떠한 문제에 대해 지나치게 분석하지 않을 정도로 단순하면서도 자신의 치즈에 대해 늘 킁킁거리며 냄새를 맡아 그 변화에 순발력 있게 적응하기 위해 새로운 치즈를 찾아 나섰다. 헴과 허 역시 인간만이 가지는 이성과 경험으로 '치즈창고 C'를 찾지만 곧 자신들이 가지고 있는 편안한 생활에 만족하며 미래에까지도 그 안정이 보장되리라 착각하며 자신감을 넘어 오만해지기까지 했다. 현실의 치즈는 눈에 보이지 않을 정도로 줄어가다 어느 날에는 완전히 사라져 버렸다. 그 중 헴은 '누가 내 치즈를 옮겼을까?'라고 불만만을 토로하며 그 사실을 인정하지 않고 사라져버린 치즈에 대한 미련과 실패에 대한 두려움, 충격으로 새로운 치즈를 찾을 수 있을지에 대한 불안과 걱정만 끌어안은 채 안으로 움츠려들기만 했다.

그러나 위기는 곧 기회라 했던가. 허는 조금 늦기는 했지만 그 두려움을 없앴다면 성공의 길은 반드시 열릴 것이라 생각하고 마음을 가다듬으며 새 치즈를 머릿속으로 그리고 미로를 달리기 시작했다. 역시 변화 앞에서 자유로울 수 있는 사람은 자신의 벽을 쉽게 무너뜨릴 수 있는 사람인가 보다. 허는 마음속으로 새 치즈를 그리자 마음도 가뿐하고 삶의 의욕과 새 치즈가 가깝게 느껴지면서 희망과 기쁨이 느껴졌다. 그러면서 변화는 예기치 않는 순간에 예견된 결과나 기대와 상관없이 찾아오는 것이라 인식하며 미로를 달리다가 깨달은 점들을 메모하여 벽에 붙여놓고 가끔씩 마음을 정리해보며 친구인 헴에게 같이 갈 것을 권유한다.

하지만 여전히 없어진 치즈에만 집착하는 헴은 아무 필요도 없는 자신의 융통성 없는 고집과 어리석음, 잘못을 웃어넘기질 못하고 낡은 울타리 안에서 나오려 하지 않았다. 이런 헴을 보고 있자니 참 답답하기도 하고 안타깝다는 생각이 들었다.

우리 주변에도 헴과 같은 사람들이 적지 않으리라는 생각이 든다. 하던 사업이나 직장에서 혹은 여러 인간관계나 혹은 자신의 건강이 안 좋아져서 피할 수 없는 자신의 여건을 탓하거나 과거의 사고방식에서 갇혀 나무만 보고 숲을 볼 줄 모르는 사람 말이다.

결국 허는 맛있고 향기로운 치즈가 가득한 N치즈창고를 발견해서 치즈의 달콤함을 맛보게 된다. 뒤늦게 깨달은 헴도 그의 진정한 친구가 충고해준 말을 가슴에 새기며 치즈창고를 향해 달리게 된다.

우리가 추구하고 지향하는 다양한 삶의 치즈!! 우리들의 삶의 목표와 행복은 자기 자신이 변화하려는 강한 의지와 끊임없는 노력이 없으면 불가능하구나 하는 생각이 이 책을 읽고 나니 강하게 든다.

시간이 한시도 멈추지 않고 흐르듯이 우리가 살아가는 삶도 인터넷과 다양한 정보통신의 기술과 여러 매체 등으로 빠르게 급변하고 있다.

그러므로 우리는 인생의 미로에서 헤매지 않고 시대의 흐름에 발맞춰 나가고 주어진 처지와 상황과 변화에 자연스럽게 적응하기 위해서라도 스니프와 스커리처럼 늘 킁킁거리며 냄새를 맡고 운동화를 목에 걸고 다니며 변화에 순발력 있게 대처할 수 있도록 늘 배우고 준비를 해야 하지 않을까.

가장 평범한 것에 대한 소중함

아이가 책을 읽지 않을 때면 읽은 책만큼 상을 주는 게임을 종종 해보았다. 방법 면에서 어떨지 잘 모르겠지만 작은 보상이라도 주어진다면 아이가 책을 잘 읽을 것 같았다.

아이의 겨울 방학 숙제로 『괭이부리말 아이들』이 도서목록에 들어있었다. 아이와 함께 서점에 가서 책을 사서 읽기 시작했다. 처음엔 글씨가 작고 약간 두툼해서 읽을까말까 망설였던 책이기도 했다.

한 줄 한 줄 읽어 내려갈수록 아파트로 이사 오기 전에 살았던 곳을 연상케 했다. 그들의 삶을 그려놓은 듯해서 야릇한 호기심이 일어 단숨에 읽을 수 있는 힘과 재미가 붙었다. 책을 읽는 중간 중간 나는 참 많이 눈물을 흘렸다. 몇 번씩 눈물을 닦으며 그 곳에서 살았던 추억을 떠올리느라 책 읽는 흐름이 몇 번이나 끊겼다. 하지만 책을 놓을 수가 없었다.

누군가 그랬던가? '봄이 아름다운 것은 겨울을 견뎌냈기에 아름답고, 아침이 아름다운 것은 어둠이라는 터널을 지나왔기에 아름답다'고 말이다. 그렇듯이 이 책의 끝은 추운 겨울을 지나고 어둠을 건너온 주인공으로 하여 희망이라는 아침과 봄을 노래하면서 마무리 되고 있다. '봄, 봄, 봄, 봄이 왔어요.' 라고 말이다.

이 책은 '괭이부리말'이라는 인천에서도 가장 오래된 빈민지역을 배경으로 사랑하는 이들로부터 버림받고 소외되어 외롭고 힘들어 하는, 그래서 누군가의 따뜻한 사랑의 체온을 절대적으로 필요로 하는 이들의 삶을 애틋한 눈빛으로 따뜻하게 끌어안으며 그렸다.

쌍둥이면서도 착하고 속이 깊은 숙자와 뺀들대고 삐지길 좋아하는 숙희, 그리고 가출했다가 아이를 임신한 채 두 달 만에 돌아온 그녀의 어머니, 그리고 여섯 살 때 가출한 어머니와 올 봄에 아버지마저 집을 나가자 어른들과 세상에 대해서 원망과 불신과 배신으로 모든 것을 삐딱하게 바라보며 겁도 많고 외로움을 견디지 못해 본드 중독으로 구치소까지 들어갔다 나온 좀처럼 마음을 열 것 같지 않았던 동수와 그의 착한 동생 동준이, 그리고 부모들이 집에 있건만 집에 들어오기를 거부하여 말과 행동이 네 살 바기 정도밖에 안될 정도로 느린 명환이, 그리고 세끼를 먹어놓고도 늘 배가 고파서 거식증 환자처럼 먹는 것만 밝히고, 싫고 좋음을 참지 못해 버릇없이 얼굴에 다 드러내어 크리스마스 이브날 버림받았던 철없는 호용이, 자신도 괭이부리말에서 살았지만 눈에 보이는 것이라고는 술 먹고 싸우고 화투장만 만지는 사람, 그래서 희망이라고는 없는 그곳이기에 구제불능이라 치부하며 이사 오는 날부터 그곳을 벗어나는 것을 목표로 두고 성공하려고 공부만 했던 아이, 하지만 커서도 결국 다시 그 곳으로 초임 발령을 받아 하나하나 다시 세상과 사람들을 사랑하는 법을 배우며 깨달아가는 김명희 선생님, 그녀의 초등학교 동창이고 삶의 터전인 바다와 암이라는 병으로 사랑하는 부모를 잃어 자기 몸 하나만으로도 벅찬 삶을 이 모든 이들의 외로움과 아픔과 그리움들을 너그럽고 따뜻하게 감싸 안으며 세상과 사람과 그런 삶을 사랑하며 살아가는 방법을 하나하나 깨우쳐주는 씩씩한 청년 박영호! 어쩌면 영호는 이 책을 쓴 작가인지도 모른다. 이 책의 머리말 서두에 그 내용을 잘 말해주기 때문이다.

> '오늘 여덟 달 동안 같이 살던 아이가 집을 떠났습니다. 마음 한구석이 천근 만근짜리 쇳덩이를 매단 것처럼 무겁고 못으로 찔린 것처럼 아픕니다. 그 아이는 초등학교 때부터 고등학교 때까지 달랑 젓가락 한 벌만 가지고 학교에 다녔답니다. 그 아이는 하루쯤 굶어도 아무렇지도 않을 만큼 배고픔을 잘 견뎠습니다. 그 아이를 조금만 일찍 만났더라면 그 아이가 젓가락 한 벌만 들고 학교로 갈 때 가방에 도시락을 넣어 줄 수 있었더라면 외로움에 지쳐 방 한구석에서 울다 지쳤을 때 이불이라도 덮어 줄 수 있었다면, 그렇다면 그 아이는 사람을 믿지 못하는 병에도 걸리지 않았을 테고 아무리 먹어도 채워지지 않는 마음의 허기 때문에 아파하지도 않았을 겁니다. 조금만 더 일찍 만났더라면. 조금만 더 일찍.'
>
> - 『괭이부리말 아이들』의 일부 -

작가는 조금만 더 일찍 그 아이를 만났더라면 세상은 믿을 만하다는 것을 알려주고자 했을 것이다. 자신도 넉넉하거나 따뜻하지는 않아도 영호라는 청년을 등장하여 몸소 그 사랑을 실천하고자 했던 것인지도 모른다.

누구나 가정이라는 테두리가 있으면 밥도 먹고 집도 있고 부모도 당연히 있으련만 그들은 그 평범한 것들에 대해 상처를 받을 대로 받아 짓이겨지고 일그러져 있다. 그러면서 그 평범한 것들에 대한 간절한 그리움과 풍경들을 꾸역꾸역 밥을 먹듯 목안으로 밀어 넣으며, 가슴에 앙금으로 응어리진 그 그리움들을 한없이 부러운 눈빛으로 간절히 소망하는 것이다.

그래서 작고 사소한 평범한 일상들이 누군가에게는 간절한 소망이 되고 그리운 풍경이 된다는 것을 독자들에게 암시하는 것이다. 가진 것이 없어 생활은 비록 누추하지만 서로의 외로움과 어려움을 이야기하며 위로하고 챙겨주는 따뜻한 눈빛과 그런 가슴을 가진 그들, 그들은 삼삼오오 그렇게 어우러져 그들 나름대로의 환경에 적응하며 삶을 살아가는 법을 익히며 행복을 나누어갔던 것이다.

나는 세상과 사람들을 따뜻하게 바라볼 수 있는 눈빛과 마음을 가진 이 책의 저자에 대해서 궁금했다. 저자 역시 괭이부리말 아이들처럼 그 곳에서 살았고 무엇보다도 그들의 삶과 심정을 잘 알고 있었기에 진한 감동을 줄 수 있는 글을 쓸 수 있었지 않나 생각해 보았다. 그리고 삽화를 그린 화가 역시 우리 군산 출신이라는 것이 마음을 든든하고 흐뭇하게 했다.

요즘 우리는 처음에 김명희 선생님처럼 뒤를 뒤돌아보며 이야기할 추억도 친구도 없이 머리만 있고 가슴이 없는 사람은 아닌지, 높은 아파트 층계를 올라가듯 주위를 돌아보지 못하고 앞만 바라보고 올라가려고 애쓰고 있지는 않는지, 이 책은 그런 친구들과 이웃을 되돌아보게 해서 잔잔한 감동과 깊은 반성을 하게 했다. 그리고 가족들과 함께 살아가는 그 평범함과 그 일상에 감사하는 마음을 가지게 해서 읽는 보람을 느꼈다.

향기 나는 삶의 미학

시간이 흐를수록 늘어만 가는 것들이 있다. 그 중의 하나가 책이다.

가끔씩 삶에서 버거움을 느낄 때, 혹은 이웃하는 사람들로부터 정신적인 허허로움을 느낄 때면, 영혼을 살찌우고 싶어져 서점에 간다.

주머니가 조금의 여유가 있을 때는 서점으로 가서 메모해 둔 베스트셀러 책을 사기도 하고, 비록 적은 여유더라도 이 때 만은 발길이 뜸한 헌 책방에 들러서 오래 된 시집이나 수필집, 또는 에세이집을 아낌없이 산다. 목차를 훑어보고 이쪽저쪽을 넘겨보며 총총 길을 걷는 즐거움이 습관이 생긴 것은 꽤 오래다.

그래서인지는 몰라도 누군가로부터 책을 선물로 받으면 기분이 좋다. 그런 내게 반 박사님의 『진실하고 소박한 삶을 위하여』가 전해졌고 그 책 속에서 만나는 그 분의 향기 나는 삶의 모습과 아름다움에 기쁨을 만끽할 수 있는 기회를 얻게 된 것이다.

'젊은이는 희망에 살고 노인은 추억에 산다' 라는 말을 역설할 사람을 찾는다면 이 책의 저자를 꼽고 싶다. 그만큼 이 책은 바다에서 막 건져 올린 은빛 물고기의 생명력으로 온통 퍼덕거린다.

책을 읽고 난 그 여운을 하늘에 비하면 청명한 가을 하늘과 같다고나 할까. 높은 산에서 떨어지는 하얀 폭포 같은 기백과 저자가 삶을 살아가는 자세나 올 곧은 사상, 그리고 그 정신은 대나무처럼 올곧았다. 또한 폭넓고 깊이 있는 박학다식한 식견은 심원한 동해 바다를 연상케 했고, 프로필과 글에서 느껴지는 근면 성실함은 마치 일개미를 떠올릴 정도였다. 마음을 정갈하고 훈훈하게 하는 사랑과 질박한 인간미 역시 클래식음악을 감상하고 있는 듯 했다.

우리의 사회는 요즘 외형적으로는 부하나 내적으로는 빈곤함을 느끼고, 신체적으로는 비대하나 영적으로는 정신적인 허기로 인해 빈혈 증세를 보인다고 해도 과언이 아니다. 교육열이 높아서 지적인 사람은 많아도 그런 사람이 남을 위해 아낌없이 베풀고 봉사하는 겸손한 사람을 만나기는 쉽지 않는 현실이다.

그러나 교육가이며 의학박사를 겸한 수필가 반상진 님이 쓰신 『진실하고 소박한 삶을 위하여』를 읽으며 나는 진한 감동을 받았다. '글은 곧 사람이다.'라는 뷔퐁의 말은 님의 한 권의 책으로 그 답이 주어짐을 느꼈다. 님은 고희를 바라보는 연세에도 불구하고 용암처럼 일에 대한 뜨거운 열정이 있었다. 교육을 필요로 하는 학생과 사회와 삶에서 상처 받아 나약해진 환자를 사랑하는 그 분의 고고한 인품은 만나보지 아니했어도 충분히 짐작할 수 있었다.

> '인생의 의미는 삶 자체가 보람이 있는가의 문제이고 어떻게 살아가야 보람 있게 사느냐에 있다. 그리고 이는 나의 선택에 달려 있다. 〈중략〉 삶에서 가장 중요한 것은 한 순간 한 순간을 열심히 사는 것이다. 삶의 참다운 성공, 참다운

보람은 그 사람이 구체적으로 성취한 결과보다도 살아가는 과정 그 자체에 있다. 우리는 죽는 날까지 항상 생각하고 노력하여 경제적으로 지적으로 도덕적으로 아름다운 한 송이 꽃이 되도록 노력해야 한다.'

– 『진실하고 소박한 삶을 위하여』의 일부 –

'사랑은 음악과 같다. 악기를 연주하는 방법은 배워야 한다. 악기가 복잡할수록 시간은 더 걸릴 것이다. 〈중략〉 사랑은 가장 위대한 음악이다. 사랑은 복잡한 악기이다. 삶의 훌륭한 기술이다. 사랑으로 자란 사람은 자신을 사랑으로 보존할 수 있다. 〈중략〉 내가 사랑하기 때문에 아름다운 것이다. 아름다움은 사랑의 원인이 아니라 사랑의 부차적 산물이다. 내가 누군가를 사랑하면 나는 아름다워진다. 아름다운 얼굴은 나의 감정의 투사이고 나의 생각이다. 아름다운 얼굴은 내가 만든다.'

– 『진실하고 소박한 삶을 위하여』의 일부 –

그 분이 쓴 글에서 삶을 살아가는 의미와 태도를 엿볼 수 대목은 무척 인상 깊었다.

또한 그러한 사람들의 건실한 삶의 철학과 교훈을 예지에 찬 안목으로 제시해주고 있어서 살아온 날보다 살아가야 할 날들이 많이 남은 필자는 이 책을 읽는 동안 줄곧 줄을 긋고 메모를 해가면서 차를 마시듯, 음악을 듣듯, 천천히 음미하면서 정독해야 했다. 책을 읽는 그 시간이 마냥 즐겁기만 했다.

최근 들어 메마른 듯 무기력해지고 시들어진 것 같았던 정신이 단비를 흠족하게 흡수한 것처럼 충전된 에너지로 풋풋해진 느낌이다.

'매우 바쁜 사람은 무슨 일에나 시간을 발견한다.'는 말처럼 저자는 교육가로, 의사로, 그리고 수필가로서 무척 바쁜 생활을 하는 분이다. 그럼에도 불구하고 그 많은 책을 읽고 작품을 쓴 저자를 생각하니 필자의 얼굴이 화끈거린다.

이 책은 위대한 성인들과 문학을 포함한 예술의 각 분야를 총 망라해서 압축해놓았다고 해도 과언이 아니다. 21세기를 살아가는 현대들이 모색해야 할 삶의 방법과 그 태도를 해박한 지식과 적당한 표현, 적극적이고 긍정적인 의견을 동원하여 방류하고 있다고 해도 과언이 아니다.

인간은 올바른 가치 기준으로 성장하고 교육 되어야 하며 그 인격으로 살아가야 질 높은 삶을 영유하는 것 말이다. 그것이 곧 진실하고 소박하게 살아가는 길이요 진리라고 저자는 말하고 있는 것 같았다.

저자의 그런 향기 나는 삶과 사상을 닮고 싶은 이 책은 꽤 오랫동안 내 인생의 지침서 역할을 할 것 같다. 또한 정신적 허기에 든든한 영양분으로 충족해준 값진 교양서를 늦게나마 얻게 되어서 감사한다. 두고두고 몇 번이고 읽고 싶은 책이다.

언어와 회화 사이, 팔방미인의 완벽한 미소

L 교수님을 처음 뵐 때가 모 문학회 창단식 날이었다. 그리고 가까이서 그 분을 뵌 것은 그 다음 날인 우리 동인들의 수필공부가 끝나고 식당에서의 점심시간이었다.

작은 키에 한복을 단정하게 입고 계신 그 교수님은 짧은 한 마디를 해주셨다.

'문학을 한다고 해서 남편과 이혼을 했다는 말이 있어서는 절대로 안 됩니다. 그리고 글을 쓴다는 것은 자신과의 고독한 작업입니다.'

예지에 찬 말씀이었다.

그 분에 대해 궁금해졌다. 그 후 몇 달이 지나서 학교 논문을 준비하려고 도서관을 열람하던 중 그 분의 수필집 두 권을 발견하게 되었다. 도대체 이 분은 어떤 생각으로 살아왔으며 어떤 식으로 글을 썼을까. 그 중 한 권을 집에 오자마자 읽어버렸다.

그 분의 뜻에 충분히 수긍이 가면서도 알 수 없는 아쉬움이든 것은 무엇 때문이었을까. 그것은 아마 나의 이상형이라고 생각해왔고 위안 받고 싶은 내 성격과 비슷하리라는 예감, 그리고 첫인상에

반해 나는 줄곧 그 분을 닮고 싶어 마음 한 편으로 흠모해와서인지도 모르겠다.

아무튼 한 권의 책 속에는 저자의 성격이나 가치관, 그리고 그 인생관과 더불어 살아온 삶의 여정이 저자 특유의 문학관 속에 섬세하면서도 명확한 필치로 그려지게 마련이다.

그런 면에서 이 책의 저자는 자기 자신에게 주어진 다양한 면모를 거의 완벽하리만큼 갖추고 있었으며, 여성이면서도 전형적인 여성적 나약함에서 과감히 탈피한 남성적 기백이 겨울바람 앞에 선 오뚝이처럼 도도한 자존심을 가지고 있었다. 그 당차고 매서우리만큼의 강인한 자존심은 그것을 뒷받침할 뼈저리도록 외롭고 고통스러운 노력과 그 인내를 늘 동반하였을 것 같다는 생각이 든다. 또한 그러한 것들은 저자 자신을 오늘의 그 고매한 위치에 서게 한 사상의 원동력이 되었으리라 짐작해본다. 즉 어머니로서, 아내로서, 교수로서, 시인으로서, 그리고 수필가로서의 본분을 정사각형이라는 삶의 틀 속에 그 완벽함을 쏟아 부어 올 곧게 고수하고 있었던 것이다. 그러한 것은 작가 연보에 나타난 많은 시집과 수필집, 그리고 여러 편의 논문과 그 논저들을 보면 한 눈에 확연히 드러나는 것이다.

그 중의 일부인 이 책 속에는 질투가 느껴질 정도로 과히 환상적인 회화된 이미지의 세련성을 미려한 문체로 그 완벽함을 입증시키고 있었다. 그 미려한 시적 언어의 구사력은 '언어의 연금술사'라는 별칭을 붙여주어도 조금도 손색이 없을 듯싶다. 아주 뚜렷한 주관과 대담하리만큼 솔직함으로 인해 문장을 이끌고 나가는 힘이 있어 한 번 책을 펼치면 끝까지 읽지 않으면 안 될 정도의 어떤 마력 같은 것을 가지고 있다고나 할까.

또한 현대를 살아가는 모든 여성들에게 삶의 의미와 지혜를 긴 안목으로 제시함으로써 인생의 지침서 역할을 하고 있다라는 생각도 했다. 다만 아쉬움 같은 안타까움으로 뭔가가 다가오는 것은 그러한 모든 것들이 너무도 완벽한 틀 속 안에 있다고 느껴져서인지 좀 더 인간적인 따뜻함이 묻어났으면 하는 이 독자의 작은 바람을 갖게 하는 것이었다.

결론적으로 저자는 자신에게 주어진 여러 자격을 고수하고 관리하기 위해 차가움이 느껴질 정도로 자기 관리에 철저했으며 모든 것(분야)을 완벽하게 소화해내고 있었던 것이다. 어쩌면 그러한 것이 저자만의 매력인지도 모르겠다. 그렇지만 거기에서 피어오르는 성에 낀 고독함은 아마 저자 자신이 써온 마음 속 일기장에 무거운 지층으로나 남아 있을 듯싶다. 거기에서 취사해 낸 것이 시집이요 수필집이 되고 여러 권의 논저들이 되었는지도 모를 일이다.

사랑의 다원성, 그 진지한 물음

이 세상에 사랑하는 모습처럼 아름다운 모습이 또 있을까.

김정화 님의 『우리는 무엇에 길들여 사는가』라는 책을 읽고 향긋한 녹차를 마시고 난 느낌처럼 훈훈한 사랑이 온 몸에 퍼져오는 것을 느꼈다.

그러한 행운을 얻을 수 있었던 것은 우연이었지만 정말 나에게는 큰 기쁨이었고 보람이었다.

김정화 님이 이 책의 제목으로 제시하는 『우리는 무엇에 길들여 사는가』 하는 점은 아마 삶에서 오는 뜨거운 사랑만이 우리 인간에게 길들여져야 하지 않나 하는 생각을 해보았다.

왜냐하면 문인에게는 사랑하는 마음(관심)이 없으면 글다운 글을 쓰지 못할 것이다 라는 생각이 앞서서이다.

이 사랑의 관점을 어디에 두는냐 하는 것은 독자의 몫이겠지만 나는 우리들 삶 속에 촉촉히 스며있는 한 인간 본연의 다원성에 있다 라고 말하고 싶다. 그러한 다원성은 모성으로서의 본능과 한 여성으로서의 사랑의 갈구, 그리고 자아실현적인 깊은 성찰이 자연스럽게 표출되는 아름다움에 있다 라는 전제하에서이다.

이 책의 저자는 그러한 현상들을 문학적인 표현으로 잘 형상화 시켜 그 아름다움이 더하고 있는 것이다.

이 책은 다섯 부분으로 구성 되어 있는데 주된 내용의 주제는 상기한 바와 같이 인간으로서의 사랑의 갈구와 모성으로서의 본능, 그리고 자아실현적인 깊은 성찰로 요약할 수 있다.

다시 말하면 「꿈꾸는 보헤미안」의 첫 부분에서부터 「봄비 속의 세월 부분」인 셋째 부분까지는 자아실현적인 깊은 성찰로 묶어 볼 수 있다. 이 부분에서는 한 여성이기에 앞서서 한 인간으로서의 사랑의 갈구인 것이다. 이것은 저자의 핍진한 과거의 삶에서 오는 그리움일 수도 있고, 서문에서 지자가 제시한 것처럼 성숙할 수 있는 문학(수필)에 대한 희구일 수도 있고, 자연에 대한 어떤 사랑일 수도 있으며, 또한 앞으로의 삶에서의 어떤 간절한 소망일 수도 있기 때문이다.

그 다음은 「아버지의 산」으로 묶어지는 넷째 부분으로 모성으로서의 본능이다. 이것은 비단 저자만이 가지는 특유성은 아니지만 저자의 부모를 포함한 두 자녀를 사랑하는 마음이, 깊은 계곡에서부터 바다를 향해 흐르는 물처럼 넉넉한 정과 사랑, 그리고 거기에서 오는 아픔으로 절절이 스며들어 흐르고 있는 것을 볼 수 있다. 그리하여 읽는 독자로 하여금 잔잔한 감동으로 다가오게 했다.

마지막으로 「사랑의 탑쌓기」인 다섯째 부분은 한 여성으로서의 사랑의 갈구이다. 이 부분에서는 전형적인 여성적 애수가 환상적인 회화된 이미지로 형상화 된 것을 볼 수 있다.

김정화님은 벌써 『왜 우리에게 도돌이표는 없는가?』라는 책으로 그 분만의 독자를 확보했고 또 신곡문학상까지 수상한 평범을 넘어선 작가이다. 필자 역시 남도 수필 회원들이 발간하는 『우리들의 사랑법』에서도 그 분의 독자였던 것이다.

이 책은 모두 쉰 세 편의 작품이 수록 되어 있다.

필자 역시 글을 쓰는 사람으로서 한 편의 글을 창작하는데 얼마나 어렵고 힘이 드는가를 절실히 공감한다.

그런데 이 책의 저자는 직장인으로서 많은 작품들을 낳기 위해 그 고독의 산실 속에서 얼마나 아름다운 모습으로 얼마 동안 어떻게 보냈는지 생각만 해도 부러워진다.

한 편 한 편의 작품마다 농도 짙은 삶의 체험 속에서 얻어지는 철학적 물음과 그 답을 찾기 위한 그 분 나름의 고독한 몸부림이 있었다. 그 몸부림은 인생의 철학적 명제내지 사상이 숭고하게 승화되어 흐르고 있었다. 즉 그 질곡진 직·간접적 체험이 물 흐르듯이 문장을 이끌고 나가는 사상의 원동력이 되었고 더 나아가서는 저자의 인생관이 되었던 것이다.

그 놀라울 정도로 관조적인 삶의 태도와 사고는 나를 한동안 꼼짝 못하도록 붙들어 놓았다. 또한 작품 곳곳에 핍진한 아픔이 흐르고 있어 때때로 안타까움을 주기도 했다. 하지만 전형적인 여성적 애수 속에서도 흔들리지 않고 주어진 삶과 자기 자신을 사랑하는 마음, 또한 사랑 받고 싶은 강한 욕구, 그리고 어머니로서의 애절한 모성이 한 여성이기 전에 인간 본연의 본능임을 실감케 함으로써 잔잔한 감동을 주었다. 그리고 그러한 것들을 문학적으로 형상화시켜 문학인으로서, 문학 작품으로써 그 가치를 고조시킴을 알 수 있었다. 그 가운데 아름다움이 있음을 아무리 강조해도 지나침이 없을 듯싶다.

끝으로 문학과 인생의 선배로서 내 삶의 지표가 된 듯 마음이 든든했고 부럽기 그지없다. 또한 아름답게 삶을 사랑하는 모습을 볼 수 있는 행운에 더불어 감사함을 표하고 싶다.

다수의 행복이 소수의 행복에 선행해야 한다

"동지 여러분, 전진합시다. 우리가 이룩한 혁명을 잊지 말고 전진합시다. 동물 농장 만세! 나폴레옹 동지 만세! 나폴레옹 동지는 항상 옳습니다."

이말은 『동물농장』이란 책에서 진정한 사회주의를 믿는 순박하기 만한 복서가 죽어가면서도 나폴레옹을 위하여 또 그들의 공동체를 위하여 충성을 내보였던 대사이다. 무엇이 복서로 하여금 그렇게 충성할 수 있도록 만들었던 것인지 가슴이 씁쓸하다.

이 『동물농장』은 러시아 혁명과 스탈린 정치의 타락하고 변질된 독재를 바탕으로 조지 오웰이 1944년에 쓴 정치우화소설이다. 모든 사람들이 차별을 받지 않고 인간으로서 존중받는 평등한 사회를 꿈꾸었던 오웰, 그는 1936년 스페인 내전에 스스로 의용군으로 참전하게 된다. 그 곳에서 좌익정당 내에서의 치사하고 추악한 권력다툼을 목격하고 인간의 자유를 억압하는 정치체제의 문제와 겉으로만 평화를 부르짖는 권력자들의 허상과 파시즘으로 타락한 공산주의에 대한 환멸을 문학을 통해 알리고자 한 것이다. 오웰은 이 책에서 메이저(칼 마르크스)가 제안한 이상사회 건설을 당시 부패한 독재(나폴레옹)나 모든 권력형 지배계급(스퀼러, 스노볼을 포함한 볼셰비키)을 돼지로 그리고, 교육을 받지 못해 그 지배 계급 밑에서 자신의 권리와 주장을 내세우지 못하고 혹사당하고 피해를 보는 프롤레타리아를 복서나 벤자민, 클로버 같은 동물로 상징화한다. 그리고 동물학살과 풍차 전투는 실제 스탈린 시대의 대숙청과 제2차 세계대전의 독일의 러시아 침공을 말하며, 여기서 말하는 풍차는 소비에트의 5개년 계획들을, 그리고 동물들의 반란을 러시아혁명으로 그린다. 타락한 사회주의가 이윤만을 추구하고 거기에 추악한 자본주의가 결합됨으로써 부의 불평등과 민중을 탄압하고 학살하는 파시즘으로 변질된 것을 냉소적으로 비판한다.

이런 『동물농장』은 우리사회의 모습과도 흡사하다. 권력을 가진 자와 못 가진 자, 지배층과 피지배층의 지배구조가 다람쥐 쳇바퀴 돌 듯 비슷한 현상으로 계속해서 반복되어 왔다. 오랜 역사 속에서 왕이나 절대군주는 권력을 손에 넣기만 하면 그것을 서슴없이 휘두르기 일쑤였다. 절대주의적 네로가 그러했으며, 히틀러가 그러했다.

전근대 사회에서는 군주, 신하, 민중의 지배적 구조가 있었고, 우리나라의 삼국시대나 고려시대, 그리고 조선시대에도 왕과 양반과 백성이 신분제도로 계층이 구분되었다.

19세기에 들어서면서부터 산업혁명과 시민의식의 성장으로 이런 신분제도나 지배계급은 없어진 듯 보였다. 하지만 오랜 시간이 흐른 후, 예전처럼 명확한 신분의 차이는 없지만 자세히 보면 아직도 우리 사회 곳곳에는 권력과 자본에 의한 사회적 계층과 부의 불평등이 존재한 것이다. 스탈린 치하의 집단 농장을 풍자한 유사한 계급처럼 현대에 이르러서도 모양과 형태만 바뀌었을 뿐 더 진화

되고 발전된 교묘한 지배계급이 우리 사회의 사각지대에 존재하여 가끔씩 뉴스로 돌출되고 있지 않던가. 암암리에 부적절한 거래가 오고가는 지배구조 속에서 순박하기 이를 데 없는 정직하고 성실하며 평범한 서민들만이 불평등한 차별을 받으며 힘들고 고단한 삶을 하루하루 살아가게 되는 것이다.

그런 것을 예견했던 것일까. 조지오웰은『동물농장』을 통해 과거뿐만 아니라 먼 미래에서도 발생할 이기적이고 파시즘적인 독재나 이상적인 공약과 선동으로 이루어진 모든 혁명을 겨냥하여 이 풍자소설을 전쟁 중에도 출간한다. 그만큼 부조리한 권력의 타락과 불평등한 사회계급과 구조를 고발하고 싶었던 것이며, 이런 타락한 정치와 공권력, 그리고 관료제 속에서 자라나는 악마적인 독성이 두 번 다시 발생하지 않기를 바랐을 것이다.

그래서 오웰은 국민의 인권을 유린했던 스탈린 치하는 이상적인 나라가 아니며, 그런 공산주의는 실패한 정치라고 말한다. 왜냐하면 이런 것들이 어느 시대에 국한되는 문제가 아니라고 본 것이다. 자유민주주의 국가인 우리나라에서도 공산주의와 유사한 군사독재 정치의 광기 어린 행위들이 그러한 모습을 드러내지 않았던가. 법에서 일탈된 불공정한 현실이 『동물농장』의 인권 유린의 현장과 전혀 다를 바 없는 상황 말이다.

인간은 권력을 갖게 되면 힘이 생겨나고 그것에 취해 지나치게 자랑스러워하고 싶은 욕망이 있나보다. 그래서 그런 권력과 힘을 사용하게 될 기회가 오면 거침없이 쓰고 싶어지는 모양이다. 권력을 당한 사람과 그 주변 사람들을 힘들고 괴롭게 하며 막다른 벼랑 끝으로 밀어버리려 한다. 그러다보면 그들로부터 원망과 질책과 야유를 듣게 되고 좋지 않은 이미지로 여론이 형성되어 결국에 가서는 그 거침없이 휘두른 권력의 칼날이 부메랑 되어 본인의 목숨을 위협하게 되고 그 권력의 자리마저 내려놓아야만 하게 되는 것이다.

모든 사람들이 평등하고 공정하며 서로의 인격을 존중하며 살아야한다는 것을 누구나 다 안다. 하지만 4차 산업의 발달과 저출산 고령화로 부익부빈익빈 양극화가 심해지고 일자리가 없어져 고용불안으로 세대 내의 경쟁만이 아니라 세대 간의 경쟁을 해야만 하는 사회가 되어버렸다. 적자생존의 논리와 구조 속에 지배자와 피지배자의 모습으로 살아가야만 하는 것이다.

『동물농장』에서 동물들은 복서의 치료를 위해 대표를 파견하고 동행하여 확인했어야 한다. 그리고 왜 농장에 시신을 매장하는 것이 불가능한가를 따지고, 실재로 복서의 무덤에 월계수 가지로 화환을 걸었는지도 확인했어야 한다.

이 책의 나폴레옹처럼 권력을 통해 독재하려는 지도자와 아무 것도 모르고 복종만을 하는 복서의 관계는 너무나 일방적이다. 마찬가지로 부도덕한 지도자가 두렵고 무서워 무조건 충성하거나 비굴한 자세나 모습도 문제이다. 지도자의 부도덕성도 문제이지만, 아무 생각 없는 소극적이고 수동적인 자세는 더 더욱 보기 불편하다.

우리는 지도자의 권력 남용을 감시하고 비판하는 주체적이고 능동적인 자세가 필요하다.

우리는 늘 깨어 있어 지도자가 부패하지 않도록 지도자를 비판적으로 바라보고 언제든지 주체적으로 의사를 표현할 수 있어야 한다. 그래야 모든 사람들이 인간답게 즐겁고 행복하게 더불어 살 수 있기 때문이다. 동물농장의 동물들이 알파벳을 열심히 외우듯 가르침에 있어서나 앎에 있어서도 게을리 해서는 안 되는 이유이다. 지식과 정보가 구비되어 있어야 자신의 권리와 주장을 내세울 수 있고 당당한 인격체로 온전히 자유로울 수 있기 때문이다. 또한 자유민주주의 국가에서는 다수의 행복이 소수의 행복에 선행해야 하기 때문이다.

글속 세상읽기, 삶과 사람에 대한 이해

낮에는 학교에서 인턴교사로 근무하고 밤에는 글짓기학원에서 아이들 글짓기와 논술을 지도한 적이 있었다.

“책은 여행인 것 같아요. 왜냐하면 책은 여행을 하는 것처럼 책을 읽을 때마다 늘 새롭고 재미있기 때문이에요.”

“저는 책은 밥인 것 같아요. 밥 먹고 난 것처럼 책 한 권을 읽고 나면 든든해요.”

독서논술 시간에 4학년 태윤이와 지수가 책이 무엇인지 정의를 내려 보는 말이었다.

아이들은 이렇게 저마다 노란 은행잎처럼, 빨간 단풍잎처럼 그들만이 가지고 있는 밝고 생동감 있는 언어의 빛깔로 빛나는 감정과 정서를 표현해낸다. 그런 아이들과 마주하는 시간은 언제나 즐겁고 행복하기만 했다.

인턴교사였지만 글짓기 논술교사로 근무한다는 것이 나에게는 간접적으로나마 꿈을 이룰 수 있는 기회가 되어서 좋았다. 사실 내 꿈은 국어교사이면서 일상에서 빚어지는 생각들을 글로 써보는 작가가 되는 것이었다. 하지만 일찍 결혼을 해야만 했던 당시의 가정 형편과 그로 인해 주어진 나의 현실적인 상황이 내 꿈을 펼치기에는 무지개나 신기루처럼 멀게 만 느껴졌다.

우회의 방법이긴 하지만 그렇게라도 현실적으로는 가정의 경제에 보탬이 되고, 정신적으로는 내 나름대로의 꿈을 실현해보고자 학교나 학원에서 학생들에게 글짓기와 독서토론 및 논술지도를 할 수 있는 기회를 갖게 되었으니 얼마나 감사하고 고마웠는지 모른다. 그 일은 나에게 큰 에너지를 충전시켰고 삶의 활력소가 되기에 충분했다.

지나고 생각해보니 주로 도시의 외곽에 위치한 학교의 아이들을 지도했던 것 같다. 시골의 아이들이라서 그런지 아이들 모두 눈빛이 반짝였고, 표현력이 풋풋하고 신선했다. 도시의 아이들에게서 읽을 수 없는 밝고 순수함이 묻어났다. 다듬어지지 않는 원석을 대하는 느낌이 바로 그러했을 것 같았다. 그곳 학교는 시골이라서 가정적으로나 환경적으로 교육 문화적인 혜택을 보기가 쉽지 않는데도 지자체나 학교에서 불우한 가정의 아동들이 소외되지 않도록 물심양면으로 도움을 주고 있어서 참 잘 된 정책이라고 생각했다.

한 가정이 잘 살고 못 사는 것은 그 가정의 부모가 얼마나 근면하고 성실하게 삶을 살아가느냐에 따라 다르듯이 학교도 마찬가지였다. 그 학교의 교장선생님의 교육철학과 운영방침과 각 담임 선생님들의 열정에 따라 아동들의 생각과 표정, 미래에 대한 자신의 꿈을 실현하는 과정과 공부에 대한 학구열은 무척 뜨거웠다.

특히나 그곳은 폐교를 해야 할 정도로 학생 수가 적었으나 새로운 교장 선생님이 부임해온 뒤로 '사교육 없는 학교'로 지정되어서 다양한 문화예술프로그램과 다채로운 체험학습들을 무료로 배울 수 있게 되었다. 그러한 내용들이 널리 알려져서인지 도시에서 전학을 오는 학생들이 많아 한 학년을 두 학급으로 늘리기도 했다. 그 정도로 학부모들에게는 학생들을 믿고 안전하게 지도해줄 수 있는 배움의 터를 제공해주고 있었고, 사교육비도 줄여주어 부모들의 근심과 걱정을 덜어주고 있었다. 또한 학생들도 비싼 사교육비로 배워야 할 다양한 교육 프로그램과 체험들을 무료로 배우게 되었으니, 하나님의 축복이요 학생들의 행복이 아닐 수 없다.

그곳의 초등학교는 학생들이 책을 읽고 싶을 때면 언제든지 꺼내 읽을 수 있도록 도서관이 열려 있어서 좋았다. 각 교실에서도 쉬는 시간이면 학생들이 책을 읽고 싶을 때면 언제든지 꺼내 읽을 수 있도록 구비가 되어 있었다.

독서는 다양한 사람들의 삶의 체험과 저자의 인생관과 지혜가 언어로 농축된 지식이다. 글을 통해 세상을 읽어 들이고 삶과 사람에 대한 이해의 폭넓이와 깊이로 입체적이고 다원적인 관점을 제공해준다. 어린 아이 뿐만 아니라 어른들도 다른 사람들의 삶을 살아보지 못하지만 다양한 종류의 책들을 섭렵함으로써 우리는 나와 다른 환경에서 자란 '너' 즉 타인을 이해할 수 있게 되고, 그들의 삶을 이해하며, 어떤 문제나 상황에 직면해서도 입체적인 시선으로 문제를 인식하고 그 원인과 해결과정을 생각해볼 수 있게 된다.

어디 그 뿐이겠는가. 새로운 지식과 정보를 알게 되고, 마음의 양식을 쌓아 바른 인생관과 세계관으로 삶의 지혜를 얻을 수 있다는 것은 수지의 사실이지 않던가.

초·중등부 글짓기 및 독서논술 교사로 십 년 가까이 근무를 했고, 이십 년 넘게 글을 썼다.

글을 쓰고 글쓰기를 지도하면서 나름대로의 세상을 바라보고 삶과 사람에 대한 이해의 폭이 조금은 넓어진 것을 느낀다.

글을 쓴다는 것은 그만큼 우리가 살아가는 삶의 현장에서 문제를 인식하고 다양한 관점으로 사고하고 인식했던 문제를 해결해 가는 사고의 한 방법이며 그 표현의 과정인 것이다. 그러기에 글을 잘 쓰려면 이러한 과정을 반복적이고 지속적으로 글쓰기의 연습으로 연결되어야 하며 그러한 과정을 좀 더 효과적으로 잘하기 위해서 많은 독서와 경험이 배경지식으로 되어있어야 한다.

독서를 많이 하고 다른 사람과 대화를 많이 나누어보고 그러한 것들을 체계적으로 정리하여 기술하는 능력을 갖추었다면 누구나 좋은 글을 쓸 수 있는 것이다.

나는 아이들에게 바란다. 내가 가르치는 아이들은 다양한 종류의 책을 읽고, 자신의 생각과 의견을 자신감 있게 표현하고, 일상에서 빚어지는 다양한 생각들을 틈틈이 진솔하게 글로 쓰는데 주저하지 않았으면 좋겠다. 새로운 세계를 여행하듯 하나씩 알아가고 깨우치며, 주체적으로 사고하고 현명하게 살아가기를 바라고 싶다. 또한 그러한 세상을 올바로 바라보고 비판적으로 판단할 줄 아는 사고를 가졌으면 좋겠다. 무엇보다도 삶과 사람에 대한 폭넓고 속 깊은 마음으로 다가서기를 바란다.

대비되는 신앙인의 모습, 그 인생

1. 대비되는 신앙인의 모습

영국의 소설가 A.J. 크로닌은 1941년에 발표한 『천국의 열쇠』의 주인공 프랜치스 치셤 신부처럼 가톨릭 집안의 아버지와 개신교 어머니 사이에서 성장하여 의사로 살다가 건강이 안 좋아지면서 어릴 적 꿈인 작가가 된다. 그래서인지 그의 작품들 배경에는 크리스찬으로서의 삶과 색채와 정서가 늘 밑그림 되어 있다.

『천국의 열쇠』는 이 책의 주인공인 프랜치스 치셤 신부의 일대기를 그린 장편소설로 그의 회상으로 시작한다. 여기에는 한 마을에서 태어나고 자란 두 친구가 같은 신학교를 다니고 같은 신학원을 나와 같은 신부의 길을 걸어가게 되는데 두 사람은 삶의 가치 기준이나 삶에 임하는 자세나 방식이 극명한 차이를 보일 정도로 서로 다른 성격을 가진 대칭적 구조에 선 인물이다. 작가는 두 인물을 통해 천국의 문을 열 수 있는 진정한 성직자(신앙인)는 어떤 사람이고 어떠한 가치관으로 삶을 살아가야 하는지 가슴 뭉클하게 보여준다.

프랜치스 치셤과 안셀모 밀리는 어린 시절 친구이면서 같은 성직자로서의 길을 가지만 밀리는 뛰어난 외모에 달변가로 성적이 우수하고 처세와 수완이 좋아 모든 사제로부터 인정을 받아 수석보좌에 외방 전교회 참사, 주임 신부와 주교직에 오르는 등 사제로서의 성공적인 삶의 수순을 밟아 부와 명예를 얻어 탄탄대로를 걸어간다.

하지만 치셤은 고아인데다가 볼품없는 외모에 성공과 출세에는 관심도 없고 오로지 자신만의 확고한 신념과 강직한 성격으로 신에 대한 진실한 믿음과 사명의식을 가지고 가난하고 소외된 사람들을 따뜻한 마음으로 사랑하고 검소한 생활로 성실하게 살아간다. 너무도 인간적이어서 사제들로부터 신임을 받지 못해 평생을 먼 타국에서 선교하며 험난한 가시밭길을 걸어가게 된다.

친구이고 같은 성직자이기에 서로 힘과 용기를 주고 격려해주는 지지자가 되어야 하는데 그들은 그렇지가 못하다. 안셀모 밀리는 상황에 맞는 적절한 대처능력이 뛰어나고 수완 좋고 처세를 잘해 때로는 정치와 야합을 하거나 술수에 능해 출세를 하는 등 성공가도를 달린다. 그러기에 정치적이고 직업적인 형식적 위엄과 권위적인 신부로 인간에 대한 사랑과 헌신적인 봉사와는 거리가 멀다. 반면 치셤은 고아로 자라 먼 친척집에서 얹혀 살다 퇴학 위기에 몰려 어렵게 신학교를 졸업하였고 사제가 된 후에도 동료 사제들로부터 따돌림을 받아 멀고 먼 중국 파이탄 오지 마을에서 온갖 고난과 역경을 이겨내며 예수님의 삶과 말씀을 실천에 옮기며 선교와 봉사로 헌신하며 살아가는 인물이다.

이 두 친구 사이에는 어렸을 적부터 같이 자란 친구 윌리 탈록이 있었다. 그는 자유사상가이며 무신론자이지만 마음이 따뜻한 의사로 치셤의 선교지에 전염병 페스트가 휩쓸자 혼신의 힘으로 봉사하다 결국 그 병이 감염되어 죽게 되는 인물이다. 그는 종교에 연연하지 않고 마음이 움직이는 대로 이웃들에게 따뜻한 사랑을 베풀며 의롭게 죽음을 맞이한다.

2. 진실한 사랑은 올곧은 사람으로 성장하게 한다

프랜치스 치셤이 신학을 공부하고 사명의식으로 올곧은 신부가 되어 하나님의 사랑을 실천하며 한평생을 가난하고 힘없는 사람들에게 선교와 봉사로 헌신할 수 있었던 것은 어렵고 힘들었던 시절 그에게 진실한 믿음과 따뜻한 사랑을 심어주었던 사람들이 버팀목이 되어주었기 때문이다.

어린 시절, 치셤은 정직하고 따뜻한 어머니의 사랑을 받고 자랐으며, 종교적인 갈등과 사고로 그런 부모를 잃게 되었지만 고아가 되어 개신교를 믿는 외조모로부터 탄압을 받았을 때, 친구인 윌리 탈록의 따뜻한 인정과 도움을 받게 되고 또한 어머니 같은 먼 친척의 폴리 아주머니를 만나 살게 된다. 친절하고 성품이 온화한 폴리 아주머니가 그를 신학교에 보내주었고, 그 폴리 아주머니의 조카인 노라라는 누이와도 알고 지내게 된다. 치셤은 노라도 부모가 없어 자신과 비슷한 처지임을 알고 남몰래 그녀를 사랑하지만 그녀는 이미 사생아를 출산한 바 있고 다른 남자와 결혼식 전에 자살을 해서 치셤에게 큰 충격을 안겨준다. 그로인해 사일동안이나 사라졌다가 남루한 모습으로 돌아오자 모두 그를 퇴학시키려 하지만 신학교 교장인 맥납 신부만은 그의 순수하고 진실한 믿음과 진지함에 용서해주고 격려해주며 신뢰해준다. 자신을 믿어주고 인정해주는 맥납 신부에게 진심으로 고맙고 감사하게 생각했으며 정신적 지주로 존경했다. 우리가 삶을 살아가다가 자신을 믿어주고 인정해주는 마음 따뜻한 사람을 한 사람이라도 만나게 된다면 어떤 고난과 역경이 찾아온다 해도 그들에 대한 사랑과 믿음이 있기에 꿋꿋하게 헤쳐 나갈 수 있게 된다. 그런 의미에서 맥납은 치셤에게 진정한 스승이요 훌륭한 선배 성직자였던 것이다.

사랑하는 노라의 죽음과 맥납 선생님에 대한 고마움으로 그는 사제가 되어 주만 섬기며 하나님의 말씀에 순종하며 살고자 다짐하게 된다. 그리하여 그에게 멀고 먼 중국 파이탄에 가서 포교와 봉사를 하라고 해도 거절하지 않고 흔쾌히 순종했던 것이다.

3. 투철한 사명의식과 헌신적인 봉사와 책임

치셤 신부가 중국 파이탄에 도착했을 때의 선교지는 거창하게 소개받았던 것과는 전혀 다르게 건물도 없고 신도도 없는 폐허였다. 봉사를 하며 보고 배운 의학실력으로 진료소를 개업하여 사람들을 진심으로 치료를 해주자 신자들이 모이기 시작했다. 그 중 죽어가는 부호의 아들 병을 고쳐주어 그 보답으로 성당을 건축할 수 있게 되고 신자수도 수백 명으로 늘어나 교황청으로부터 3명의 수녀를 지원받아 선교와 봉사를 하게 된다. 하지만 홍수로 성당이 무너져버렸고, 하필 그 무렵 밀리 신부가 해외포교 비서로 방문을 하여 로마교황청 교구 중 개종률이 가장 낮다는 이유로 성당 재건을 지원해줄 수 없다고 한다. 그 모습을 지켜본 독일인이었던 베로니카 원장이 그녀의 오빠에게 부탁하여 성당을 다시 재건하게 된다. 그리고 처음 만날 때부터 치셤 신부를 경멸하고 무시했던 베로니카 수녀는 치셤 신부의 가난하고 힘없는 사람들을 투철한 사명의식과 헌신적인 봉사로 겸손하게 섬기는 모습을 보고 감탄하여 용서를 빌고 그를 적극 돕고 지지하게 된다.

그 후, 치셤 신부는 전염병인 페스트가 창궐하여 많은 사람들이 죽어갔을 때에도 그들을 헌신적으로 도와주었다. 그때 본국에서 의료봉사로 온 절친 윌리 탈록이 감염되어 죽게 된다. 제2차 대전이 발발하였을 때에도 많은 병사들을 치료해주고 도와주었다. 하지만 비적들에게 납치되어 고문을 받다 간신히 탈출을 하는 등 온갖 고난과 역경을 당하며 35년 동안 파란만장한 삶을 살게 된다.

심지어 귀국 후에도 노쇠한 몸으로 사랑했던 노라의 딸 쥬디의 아들 안드레아를 고아원에 보낼 수 없다며 은퇴를 늦춰달라고 부탁했지만 교구장이었던 밀리 주교는 들어주지 않았으며, 치셤은 평생 진정한 성직자로서의 사명의식으로 헌신적인 삶을 몸소 실천하며 살아갔던 것이다.

이처럼 같은 동네의 친구로 성장하고 같은 신학교를 다니고 같은 사제로서의 길을 걸어가게 되었지만 두 사람은 삶의 가치 기준이나 삶에 임하는 자세나 사고방식이 너무도 달랐던 것이다.

따라서 작가는 두 명의 신부를 통해 천국의 문을 열 수 있는 진정한 성직자(신앙인)는 어떤 사람이고 어떠한 가치관으로 삶을 살아가야 하는지 독자들이 깊이 생각해보길 바랐던 것이다.

관계, 꿈꾸는 식물을 관조하다

오월 중순 일요일 오후다. 싱그러운 화초들이 오월의 향기 속으로 건실한 키를 늘리고 있다. 이 화창한 계절의 한 가운데에서 좋아하는 음악을 들으며 향긋한 차를 들고 꿈꾸고 있는 식물들을 관조한다는 것은 참 좋은 일이다.

그동안 먹고 살아가는 일과 가족들 뒷바라지로 나를 늘 분주하게 만들어서 나 자신을 잊게 했던 것들이 어느 때부터인가 내 손을 떠나고 있다는 것을 느끼게 되었다. 무관심으로 빛을 잃었던 것들이 눈빛을 마주하고 손길이 머물 때마다 덩그마니 허하던 영혼을 싱그러운 빛깔과 향기로 채워주고 있다.

사실 강아지나 고양이 같은 반려동물은 예쁘고 귀엽지만 나는 애완동물을 집에서 기를 자신이 없다. 늘 목욕시켜주어야 하고 배변처리 문제로 냄새와 털이 빠지고 집안의 물건들을 물어뜯고 난장판을 만들어놓는 모습을 감당할 자신이 없기 때문이다. 그래서 아예 그들을 집에서 기를 생각을 하지 않는다. 또한 늘 시간에 쫓겨 바쁘게 생활해야 하는 나로서는 동물보다는 화초처럼 마음을 차분하게 하고 정갈하게 하는 식물 기르기가 안성맞춤이다. 그들은 내 마음의 평화와 안정을 주고 실내공기를 정화해준다. 가끔 한 번씩 물을 주고 청소만 잘 해주면 잘 자라고 꽃도 피워 마음을 너그럽고 환하게 해주기 때문에 나에게는 이런 정적인 화초가 정말 좋다.

모처럼 한가로운 시간이다. 좋아하는 블랙커피를 들며 베란다 창가에 시선이 머문다. 창문 너머 낮게 드리워진 팔마산 산비탈에 하얀 아카시아 꽃이 함초롬히 피어있다. 베란다 창문을 열어본다. 아카시아 꽃의 향기로운 냄새가 마음을 편안하고 정갈하게 하는 음악처럼 은은하게 스며들어올 것만 같아 길게 호흡을 해본다.

화초들에게 다가가 물을 주며 눈인사를 하다가 정말 신비한 모습이 눈에 들어왔다. 꺾꽂이 하듯 칼로 잘라 심어 놓은 오채각 줄기 끝에서 작은 새 이파리가 오종종 고개를 내밀고 있는 것이 아닌가.

아침에 눈을 뜨면 제일 먼저 창문을 열고 베란다 화초들에게 눈인사를 하는 것이 하루 일과의 시작이었다.

한 달 전이었다. 그날도 베란다 창문을 열고 막 뒤돌아서려는 찰나, 오채각 가시가 내 옷에 걸려 본체 줄기가 뚝 꺾어져버렸다. 그것도 오랫동안 정성들여 키워 온 오채각 중 가장 크고 튼실하게 잘 자란 것이 말이다. 떨어져 나온 자리에서는 눈물처럼 하얀 진액이 줄줄 흘러내렸다. 급한 마음에 화장지를 대어 지열을 해주었다. 그동안 사랑과 정성을 다해 키웠던 선인장이었기에 차마 버릴 수가 없었다. 혹시라도 살아날지도 모른다는 실낱같은 희망을 가지고 빈 화분을 찾아 흙과 물을 붓고 떨어진 오채각을 삼분의 일씩 잘라 각각의 화분에 심어놓았다. 그리고 잘 살아주길 바라며 기다렸는데 그 심어놓은 줄기가 죽지 않고 새 생명의 어린 잎들을 밀어올리고 있었던 것이다. 그 모습을 보니 이젠 잘 자랄 수 있겠구나 하는 믿음이 생겼다. 정말 잃어버린 귀한 물건을 다시 찾은 느낌이었다.

끝까지 포기하지 않고 관심을 기울이며 기다리자 그에 보답이라도 하듯 작은 움을 틔우며 조금씩 짙고 푸른 생명력으로 자라나는 오채각! 오채각도 살아있는 생명이었고 나름대로 살고자 하는 의지와 꿈을 가지고 있었던 것이다. 이 꿈꾸는 식물의 생명력을 보니 지금 비록 약하고 보잘 것 없어 보일지라도 보이지 않게 원대한 꿈과 희망을 품고 하루하루 열심히 살아가는 사람들의 모습이 떠오른다. 꿈꾸는 자의 모습과 희망과 미래도 이러할 것임을 새삼 깨닫는다.

이렇게 싱그럽게 자라나는 베란다 화초들을 보니 농사를 짓는 농부들의 마음과 반려동물을 키우는 사람들의 마음이 비로소 이해가 되었다. 또한 과수원이나 양식장에서 각종 어패류를 양식하는 사람들도 모두 자식을 키우는 부모 마음으로 사랑과 정성으로 그것들을 키웠을 것이라는 생각이 든다.

가끔씩 시간이 맞을 때면 〈순간 포착 세상에 이런 일이〉라는 프로를 본다. 그 프로에서는 상처 입은 황조롱이나 까치, 유기된 개들을 데려다가 마음에서 우러나는 진정한 사랑과 정성으로 보살핀 사람들의 이야기가 나올 때가 있다. 그들은 유기동물들에게 정을 주고 사랑을 주어 잘 돌봐주었다. 그런 유기동물들은 그에 보답이라도 하듯 그들을 부모인양 믿고 따르고 그 사람들 곁에서만 있으려고 졸졸졸 따라다니는 것을 보았다.

식물이나 동물, 우리 인간들도 마찬가지이다. 자신의 아픈 상처나 콤플렉스를 들추어 내려하지 않고 따뜻하고 너그러운 품으로 안아주고 감싸주고 다소곳이 등을 다독여줄 때 그 사람을 믿고 존경하고 따르며 그 사람과의 관계를 오래도록 유지하고 싶어진다. 지금 상황이 어렵고 힘들지라도 언젠가 기회가 되면 꼭 그 고맙고 감사한 마음의 빚도 갚고 싶어진다.

그래서인지 살아가는 일이나 사람들과의 관계도 적당한 거리에서 화초를 가꾸듯 인간관계를 가꾸어가려는 손길과 노력이 필요하고 믿어주고 기다려주며 때로는 바라봐주는 지혜가 삶의 향기를 더하는 것 같다.

오월 중순의 화창한 오후, 싱그러운 화초들이 마음껏 꿈을 펼치고 있다. 좋아하는 음악을 들으며 차를 음미하듯 계절의 향연을 관조한다는 것은 참 기쁜 일이다.

투표를 해야 하는 당위성과 참여의식의 중요성

지난 11월 14일, 군산선거관리위원회에서 '시민과 함께 하는 공감콘서트 및 시민토론회'를 했다. 그 중 시민토론회의 '우리는 왜 투표를 해야 하는가'라는 주제의 토론 패널로 참석해달라는 연락을 받고 좀 생각을 해보겠다고 했다. 왜냐하면 정치나 선거문화에 대해 문외한이었고, 또 글쓰기와 다르게 말하기라는 영역, 특히나 방송에 나가는 카메라 앞에서의 말하기는 낯 설어서 많이 긴장되고 실수를 할 것 같아 괜히 주최 측에 민폐를 끼치지 않을까 걱정이 되었기 때문이다. 거듭된 부탁과 생소한 경험이기도 해서 그럼 한 번 해보겠다고 승낙을 했다.

우리는 지난 5월 9일 제19대 대통령 선거를 실시했다. 예정에 없이 전 대통령이 탄핵돼서 스피드하게 장미대선을 실시하게 되었던 것이다. 그 전 대통령은 헌법재판소의 전원일치로 파면이 결정되고 탄핵되어 구속되었으며, 현재 재판을 받고 있는 것은 주지의 사실이다.

그것처럼 우리는 정치 지도자들이 원칙에 어긋난 정의롭지 못한 권력 행세와 올바르지 못한 정치를 하게 되면, 나라의 경제가 어렵게 되고, 나라가 분열되며, 혼돈에 빠지게 된다.

그런 것들을 막기 위하여 민주주의 꽃이라고 할 수 있는 '선거'라는 방식의 투표를 하여 새로운 정치 지도자를 선출하게 된다. 따라서 이 투표라는 것은 각 개인들의 소중한 가치이념이 담긴 의사표현의 방식이요 유권자들의 권리이다.

그런데 자유민주주의 국가에서 이 유권자에게 주어지는 권리를 누리지 못하거나 방치하는 사람들이 의외로 많이 있다. 정치에 무관심하거나, 정치를 불신하는 사람들, 혹은 직장이나 개인적인 여러 일들을 핑계로, 또는 귀찮거나 시간 내는 것이 아까워서 투표에 참여하지 않는 경우를 왕왕 본다. '나 하나쯤 투표하지 않아도 되겠지' 라는 안이한 생각과 'A나 B나 그 사람이 그 사람이겠지' 혹은 어떤 사람이 뽑혀도 다 똑같이 우리 정치 사회는 아무런 변화가 없을 거'라는 당선된 후에 달라진 정치인들의 기대이하의 행동결과를 예로 들면서 말이다.

하지만 이러한 정치적 무관심과 참여의식의 결여는 매우 무책임하다 할 정도로 오만한 생각이며 위험한 태도이다. 왜냐하면 내가 투표하지 않아도 누군가는 지역이나 나라를 대표하는 정치지도자로서 당선이 될 것이기 때문이다.

만약, 유권자로서 권리를 행세하지 못하거나 투표에 무관심 하듯 방치를 한다면 과연 어떤 문제가 발생할까? 소수의 권력을 가진 사람들이, 자기들 마음대로 권력을 행세할 것이고, 자기들만의 어떤 필요나 욕구를 충족하기 위해, 부정한 청탁과 뇌물수수와 같은 편법을 동원하게 되고, 사익을 추구한 부정부패와 권모술수가 난무한 비리의 온상을 양산하게 될 것이다. 예를 들면 제2차 세계대전 당시의 독일의 히틀러나 북한의 김일성으로부터 세습되어온 김정은 정권까지는 아니어도 자유민주주의 국가인 우리나라에서의 박씨 부녀 대통령과 사회의 다양한 종류의 조직에서 빚어지는 미시파시즘을 우리는 TV나 인터넷 등을 통해 목도하지 않았던가.

그렇게 되면 사회 곳곳에서는 불평불만이 제기되고 집회나 시위가 벌어져 혼돈의 사회가 될 것이다. 또한 나라의 경제가 어렵게 될 것이고, 원리원칙이 없는 부익부빈익빈 양극화로 우리 사회와 우리나라의 모든 기업과 조직들은, 운영에 위협을 받게 될 것이고, 위기에 빠지게 될 것이다. 결국 정치·경제·사회·문화·교육·예술, 심지어는 나의 직장과 나의 가정까지 모든 조직사회가 해체되거나 붕괴되는 것은 시간문제일 것이다.

따라서 우리는 투표에 꼭 참여하려는 의식을 가져야 하고, 투표를 하되 신중하게 잘 생각해서 나에게 유리한 사람보다는 거시적인 통찰력과 냉철한 가치관을 가진, 민주주의 원칙과 정의를 잘 알고, 그것을 잘 지킬 수 있는, 그러면서도 덕이 있고 유능한, 올바른 정치를 할 수 있는, 현명한 인재를 선택해서 선출을 해야 하는 것이 무엇보다 중요하다.

그리고 선택된 지도자가 올바로 정치를 잘 하는지, 우리는 늘 관심을 가지고 관찰해야 하고 객관적이고 보편타당한 현실의식도 가져야 한다. 또한 우리나라의 정치와 우리 사회의 여러 문제에도 관심을 가지고 참여하려는 열린 의식과 가치판단 능력도 길러야 한다. 그래야만이 우리 지역과 나라를 대표하는 정치지도자들이 유권자들을 의식하게 되고 파시즘적인 독재정치나 사회적 약자들에게 행해지는 사회적 불평등을 양산하지 못할 것이다. 또한 우리사회의 문제들이 해결될 것이고, 비슷한 문제가 반복되지 않을 것이며, 문제 하나하나가 개선되어서 좀 더 나은 발전된 우리사회, 우리나라의 모습이 될 것이다.

그것이 곧 나의 가정과 나의 직장의 삶의 질이 향상되는 길이고, 살기 좋은 사회, 살기 좋은 나라가 되어서, 미래지향적인 세계 속의 아름다운 멋진 대한민국이 선진국이 되는 길일 것이다. 여기에 우리가 투표를 해야 하는 당위성이 있는 것이며, 선거문화와 정치적 참여의식, 더 나아가 역사에 대한 올바른 이해에 다가서고자 하는 길일 것이다.

전범의 나라 일본, 그 몽니의 내력

일본이 한국 대법원의 일제 강제징용 피해자 배상 판결에 대한 경제보복으로 한국을 백색국가(화이트리스)에서 제외하기로 하였다. 그 소식에 우리나라 역시 일본을 백색국가에서 제외하기로 했고 분노한 국민들도 '독립운동은 못했어도 불매운동이라도 하겠다'며 자발적으로 일본산 불매운동을 두 달 넘게 펼치고 있다. 제국주의 국가로서 침략과 약탈과 비인간적이고 비상식적인 것에 능한 일본의 민족성이 DNA로 흐르고 있어서일까. 제4차산업이 발달하고 있는 글로벌 네트워크 시대에 참으로 치졸하고 옹졸한 일본의 몽니가 아닐 수 없다. 물론 모든 일본인들이 다 그렇다고 일반화할 수는 없지만 집권당 수뇌부 수장으로서 아베총리의 인간됨과 그의 정치관과 가치관 및 일본인들의 속내가 한 눈에 드러나는 것 같아 마음이 편하지가 않다.

역사상 우리나라가 먼저 일본을 공격한 적은 극히 드물다.[4] 그러나 일본은 예로부터 틈만 나면 우리나라를 침략하여 약탈해갔으며

4) 고려 때 여몽 연합군과 세종 때 이종무의 대마도 정벌

야만적인 행위로 우리 민족을 탄압하고 괴롭혔다. 일본이 우리 한반도를 침략한 횟수를 보더라도 책자마다 다르긴 하지만 약 714회[5]나 된다고 한다.

역사적으로 가장 최근의 일인 일제강점기 때는 또 어떠했던가. 한일합방 이후 35년 동안이나 우리나라를 강제로 빼앗고 드넓은 중국 대륙까지 차지하기 위해 우리나라의 젊고 건강한 대부분의 남자들을 강제로 징병하여 전쟁터에 나가 싸우게 하여 그들의 총알받이가 되게 하거나 그 전쟁에 필요한 군수품을 만들고 광산이나 건설노동 현장에서 강제로 가혹한 노동을 착취했다. 또한 일본의 군인들을 위해 우리나라의 젊은 아녀자들을 꼬여 그들의 위안부로 삼았으녀, 우리의 피와 눈물과 땀이 녹아든 우리나라의 토시나 농수산물을 수탈해갔고 우리민족의 소중한 문화재나 보물들을 약탈해갔다. 우리의 민족정신과 영혼까지 말살하기 위해 우리나라의 말과 글을 사용하지 못하게 했고, 심지어 부모님이 지어주신 자신의 이름마저 창씨개명하게 하지 않았던가. 그것뿐인가. 잊을 만하면 독도를 영육권 분쟁의 도구로 삼아 다시금 빼앗으려고 하거나 2015년에는 '군함도'로 더 잘 알려진 '하시마 탄광'을 메이지 시대의 '산업화의 유적'이라며 유네스코 세계유산으로 등재해놓고 우리 조선인의 '강제 노역'을 의도적으로 누락시켜 그들이 저지른 온갖 만행을 자라나는 후손들이 알까봐 역사책에서 아예 삭제하거나 미화하거나 왜곡하여 역사교과서를 편찬하지 않았던가.

그뿐만이 아니라 일본은 제2차 세계대전 때에 동아시아 여러 나라뿐만 아니라 유럽까지 차지하려고 미국 하와이 진주만도 공격하여 포로들을 탄압했으며 그곳을 식민지화하려다가 미국을 전쟁에

5) 육사 사학과 편, 『한민족전쟁사총론』, 교학연구사, 1988, 144~149쪽

끌어들여 결국엔 원자폭탄을 투하 받고서야 항복하지 않았던가.

그렇듯이 일본인(모든 일본인이 다 그렇지는 않겠지만)은 세계 평화나 인간중심, 혹은 동반자적 사상이나 관계중심의 생태적 패러다임 같은 것은 애초에 생각하지 못하는 사람들이다. 왜냐하면 그들이 예로부터 우리나라 사람들에게 대하는 태도나 인간성을 보면 그들은 맹자의 '사단설' 같은 것은 애초에 없는 듯싶기 때문이다. 오직 자본주의적인 사상과 제국주의적인 인식만이 팽배해 있을 뿐이다.

이렇듯 일제 강점기 때 일본인들이 우리 조선인들에게 온갖 탄압과 강제노역에 시달리게 했고 이유 없이 학살을 자행했던 것처럼 제2차 세계대전 때 오직 유태인이라는 이유하나로 600만 명이 넘는 사람들을 잔인하고 참혹하게 학살했던 독일 나치스와 견주어 생각해보지 않을 수 없다.

그런 독일은 전쟁을 일으킨 죄로 미·소·영·프랑스로 분할점령 당하였다가 냉전이 시작되면서 동·서독으로 갈라졌다. 동·서독은 전범자들은 물론 나치 협력자들까지 철저히 숙청했다. 유태인학살을 비롯한 범죄행위의 원인과 과정도 철저히 조사가 이루어졌고 유태인들에게 입힌 인명피해와 재산피해를 경제적으로나 의료적으로 성심성의껏 배상했다. 또한 나치가 저지른 전쟁과 유태인들에게 자행한 온갖 만행에 대해서도 독일 고위관계자들까지도 진심어린 사과와 반성을 했으며, 독일의 젊은이들도 그것을 자기 문제로 내면화해야 한다며 지겨워할 만큼 현재까지도 교육을 시킨다.

그런데 일본은 어떠한가. 특히 일본 지배층과 정치가들은 아시아에서 저지른 침략전쟁과 온갖 야만행위에 대해서 지금까지 제대로 된 깨끗한 진정한 사과와 반성을 한 적이 없다. 그렇다고 위안

부 어르신들이 인정하고 공감할 정도의 양심적인 배상도 충분히 이루어지지 않았다. 오히려 자기네 조상들이 저지른 침략전쟁과 범죄행위를 자라나는 청소년들이 알지 못하도록 역사교과서에서 역사적 사실을 삭제해버리거나 왜곡하고 미화하여 편찬하여 교육시킬 뿐이다.

또한 야스쿠니 신사를 참배하며 과거 야욕의 전쟁을 정당화 하고 있는 것이다. 그것은 곧 일본 집권층의 일그러진 역사의식과 잇단 망언이며 언제든지 기회만 주어진다면 숨겨둔 침략전쟁의 발톱을 드러내겠다는 의미가 아니고 무엇이겠는가.

그러하니 세계평화나 화합, 휴머니즘 같은 인간관계중심의 환경체계나 구조는 이예 생각이 들지 않는 것이다.

또한 한미일동맹이나 역사적인 반성은커녕 적반하장으로 한일군사정보보호협정(GSOMIA·지소미아)종료의 이유가 한국에 있다고 떠넘기며 외교적인 매너도 지키지 않고 경제보복행위에 올림픽까지 앞두고 있으면서 후쿠시마원전 오염수까지 해양방출을 하려고 노리고 있는 것이다. 그 끝을 모르는 일본의 몽니와 이기적이고 야비한 속내에 국제교류를 하며 원만한 유대관계를 지속하며 지내기가 참 어렵고 불편한 나라인 것이다. 지리적으로나 역사적으로 보았을 때 우리나라와는 불가분의 관계에 있는 이웃나라인데 말이다.

그러므로 우리나라는 이번 기회로 세계 속의 한국이 아시아의 이웃나라로서 어떤 존재인지 확실하게 재인식하게 해줄 필요가 있다. 이웃나라로서 친교를 하되 과거 제국주의 국가로서 우리 민족에게 행했던 침략과 약탈과 비인간적이고 야만적인 일본의 민족성을 잊지 말아야 하는 것이다. 또한 현재 경제보복으로 한국을 백색

국가에서 제외시킨 치졸하고 옹졸한 일본의 몽니를 기억하여 자발적으로 펼치고 있는 일본산 불매운동과 친일문화 배척, 일본여행의 자제는 계속되어야 한다고 생각한다. 그래야 글로벌 네트워크 시대에 그와 같은 행동이 얼마나 어리석고 치졸한 행동인지 깨닫게 될 것이기 때문이다.

제 4 부

영화로 읽어보는 언어 풍경

OH KYUNG OK Essay

영화로 읽어보는 겨울풍경 속 색채 의미
- 삶과 죽음의 경계, 그 실존적 색채 의미-

눈이 온다. 겨울을 실감케 하는 눈보라가 몰아친다. 이틀째, 매서운 겨울바람과 함께 연신 희고 긴 채찍을 휘두르는 동장군, 지칠 줄 모르는 그 기세에 소름이 돋듯 한기가 든다. 그럼에도 불구하고 창밖 겨울나무는 무릎을 꿇고 기도하는 사람처럼 간절히 두 손을 모우고 있다. 그 모진 눈보라를 맥없이 맞고 있는 것을 보니 경외감마저 들려고 한다.

아파트 인근 건설공사장에도, 도로 위에도, 멀리 월명공원에도, 온 누리가 폭풍한설로 설국을 이루었다. 건곤일색으로 변한 겨울풍경을 바라보니 미국의 조 카나한 감독이 제작한 영화 〈더 그레이〉가 생각난다. 요즘처럼 거친 눈보라가 몰아치는 혹한의 계절에 보면 안성맞춤인 영화이다.

〈더 그레이〉의 주인공 존 오트웨이(리암 니슨 역)는 알래스카에서 석유 추출노동자들과 함께 일을 마치고 가족들이 기다리고 있는 고향으로 돌아가기 위해 비행기에 탑승하게 된다. 하지만 얼마가지 않아 비행기는 알래스카의 어느 설원으로 추락하고 영하 30도에 가까운 눈보라치는 추위와 사고로 인한 상처와 고통으로 아우성치는 7명의 생존자들만 남는다. 살아있다는 안도감도 잠시뿐, 그들은 비행기 잔해 속에서 주워 모은 생필품으로 허기를 달래고 옷들을 찢어 상처들을 감싸고 칼바람 몰아치는 추위에 몸을 떨어야 했다. 설상가상으로 밤이 되자 시체들의 피냄새를 맡고 맹수인 늑대들이 전쟁터에서 만난 적군들처럼 사방에서 울부짖으며 생존자들을 위협하며 달려들었다. 살을 에는 추위와 배고픔보다도 그들을 잡아먹을 듯 달려드는 늑대들의 공격에 무서움과 두려움의 공포에 생존자들은 몸을 떨어야 했다. 날이 밝자마자 늑대들의 소굴로부터 벗어나기 위해 눈이 무릎까지 차오른 폭풍의 들판을 지치도록 걷고 또 걸어 몸을 피해보지만 늑대들은 여전히 사방에서 진을 치고 호시탐탐 공격을 노린다. 눈보라치는 추위와 배고픔, 골절된 상처와 피로에 지쳤거나 생존에 대한 불신과 거대한 자연의 힘과 인생에 맞서며 저항하는 자, 쉽게 절망하거나 낙심하는 자, 혹은 삶에 대한 의지가 희박한 심신이 나약한 낙오자들을 늑대들은 끝까지 쫓아와서 한 명씩 잔인하게 먹어치운다.

생존자들 모두가 죽고 혼자만 남은 오트웨이, 신이 있다면 제발 도와달라며 간절히 기도를 드리며 삶과 죽음이 오가는 그 극한의 상황에서 살기 위해 눈 부릅뜨고 늑대와 맞서며 처절하게 읊어보는 넋 줄의 詩!

> 한 번 더 싸워보세
> 마지막으로 폼나게 싸워보세
> 바로 이날 살고 또 죽으세
> 바로 이날 살고 또 죽으세

거실 벽에 걸렸던 아버지가 쓴 네 줄 자리의 짧은 시, 그 시는 아마도 영화감독이 관객들에게 전하고자 하는 메시지가 아니었을까 생각해본다.

더불어 우리가 삶을 살아가다가 때때로 고난과 위기에 직면했을 때, 거듭된 실패와 시련으로 좌절감과 절망에 사로잡혔을 때, 혹은 예기치 않는 사고나 재난으로 삶과 죽음의 갈림길에 섰을 때, 거대한 실체로부터 생존의 위협을 느껴 한없이 무력하고 작게만 느껴졌을 때, 삶이 무엇인지 어떻게 살아가야 하는지 막연하거나 더 이상 삶에 어떤 소망도 꿈도 희망도 없어 삶이 허무하여 모든 것을 포기하고 싶어질 때 그 극한의 실존적 상황 속에서 한번쯤 되새겨 보길 바랐는지도 모른다. 이는 또한 생존경쟁에서 승자독식, 약육강식만이 존재하는 현대 자본주의 사회에서 그 조직과 환경에서 살아남고 적응하기 위해 발버둥치는 비정규직근로자들이나 계약직 및 시간제 근로자나 아르바이트생, 언제 구조조정 당할지 모르는 은퇴를 앞둔 사람들, 그리고 재취업을 준비하는 사람들이나 재창업을 앞둔 사람들의 처절한 절규처럼 느껴졌기 때문이다.

한때는 모 방송국의 프로듀서를 할 정도로 괜찮은 직업을 가졌던 한 소설가는 헌 책방을 하며 틈틈이 소설을 썼고, 이것저것 많은 가게를 해보았지만 빚만 늘어나서 모든 것을 접고 가족과도 떨어져 지내면서 아파트 건설 노동현장의 일용직근로자로 일하며 밤에는 온 몸에 파스를 붙이고 고단한 몸을 이끌고 소설을 쓰는 사람이 있다. 그에 안타까운 삶과 쓸쓸한 모습이 눈에 아른거린 이유이다.

신화·원형비평가인 노드롭 프라이(N.Frue)는 그의 저서 『비평의 해부』(Anatomy of Criticism)에서 자연의 사계로 문학의 장르와 원형이 발생한다고 주장한 바 있는데 그 중 겨울은 '아이러니와 풍자'를 의미한다고 했다. 그래서였을까. 이 영화 제목은 설원의 색인 화이트가 아니라 아이러니하게도 〈더 그레이〉이다. 삶과 죽음의 경계에서 마주하는 그 공포와 불안을 함축시킨 극한의 컬러, 인간의 온갖 고뇌와 갈등과 번민에서 해탈하고자하는 스님들의 의복을 상징화한 색, 아주 오래 전에 읽었던 미하엘 엔데가 쓴 『모모』에서 회색신사와 같은 침울함, 영화 〈더 로드〉의 잿더미 세상 같은 끔찍한 무채색, 더 그레이! 결국 삶에서 부딪히는 크고 작은 많은 문제에서, 살아야 한다는 그 절박함 앞에서, 삶의 의미와 존재해야만 하는 많은 물음 앞에서 최후의 판단과 극단의 선택은 어떤 결과든지 스스로의 몫이라는 것, 그리하여 우리 인간은 삶의 현장에서, 살기 위해서, 살아남기 위해서, 끝까지 포기하지 말고 고난과 시험과 시련과 싸워 나아가야 한다는 것을 말하고 싶었는지도 모른다.

그래서 E.버크는 '곤란은 가혹한 스승이'라고 말했으며, 괴테도 '고난이 있을 때마다 그것이 참된 인간이 되어가는 과정임을 기억해야 한다'고 했으며, 지스레지도 '고생보다 더 중요한 교육은 없다'라고 했나보다. 그 만큼 우리에게 다가오는 삶의 역경과 시련은 우리 인간에게 많은 것을 생각하게 하고 또 그런 경험을 통해 지혜롭게 처신하고 후회하지 않게 살게 하는 것일 것이다.

가을과 봄 사이, 가장 추운 계절인 겨울! 겨울은 참고 견뎌내야 하는 계절이다. 땅의 기운과 영양분을 체내에 축적하듯 겸손히 몸을 낮춰 배우고 익혀야 하는 시간이다. 비록 실직했더라도, 비록 사업이나 그 어떤 일로 실패를 했더라도, 취업을 준비하며 다시 일어설 때까지 그 방법을 연구해야만 한다.

칼 포퍼의 말처럼 '삶은 문제해결의 연속'인 것이다. 예기치 않는 사고나 질병으로 시련이나 고난이 닥쳤더라도, 함정이나 늪에 빠졌더라도, 절망하지 말고 현명하게 지혜를 모아 그 위기를 모면할 수 있도록 작은 돌파구를 찾도록 기회를 모색해봐야 한다. 어떠한 경우에든 절대로 포기하지 말아야 한다. 우리가 삶을 살아간다는 것은 그렇게 살아있는 동안까지, 그 힘든 공간과 시간의 굴레에서 벗어날 때까지, 견디며 포기하지 않고 끊임없이 앞으로 나아가야 하는 것이다. 그것만이 삶의 물음에 대한 대답이며, 겨울풍경 속에서 읽어보는 실존적 색채에 대한 의미가 아닐까.

거리에도, 월명공원에도, 아파트 건설 현장에도, 수북이 쌓인 폭설로 세상의 모든 갈등과 위협과 공포, 그 서럽고 처절한 눈물겨움 앞에서 간절히 기도를 올리는 겨울나무처럼 그렇게 폭풍한설의 겨울을 견디며 삶의 문제를 해결해나가는 것이다. 우리들의 삶은…….

편견과 차별 사이, 세습된 슬픈 신분의 담

- 무엇이 인간을 신분으로 구분하고 계층화 하여 탄압하는가 -

1. 기다리는 방법과 기대되는 이야기 사이

모임에서 아직 돌아오지 않는 남편을 기다리다 TV OCN을 켰다. 마침 이제 막 시작하는 영화 제목이 채널을 고정시키게 했다. 〈노예 12년〉! 이 짧은 제목 속에 얼마나 많은 이야기들이 함축되어 있을지 가슴이 떨려왔다.

미국의 스티븐 맥퀸스 감독이 제작한 이 영화는 솔로몬 노섭의 자서전 『노예 12년』을 원작으로 노예 수입이 금지 되었던 1840년대 한 음악가가 타의에 강요된 노예로서의 삶을 통해 인권이 유린된 불합리한 미국의 노예제도를 적나라하게 고발한 실화이다.

이 영화 속에는 노예로서 겪어야 했던 처절한 삶의 실상뿐만 아니라 남북전쟁의 근간이 되었던 미국의 노예제도와 이로 인한 미국의 16대 대통령이었던 링컨의 노예해방 선언문이 발표되기 전까지의 미국의 시대상황이 어떠했는지 공시적으로 확인해볼 수 있는 좋은 영화이다.

2. 편견과 차별 사이, 세습된 슬픈 신분의 담

사실 선사시대 이후부터 인간이 다른 인간을 재산이나 가축처럼 취급하는 노예제도가 있었다. 미국에서도 독립 혁명 직후 노예 해방 법령을 적용시킨 북부와 다르게 아브라함 링컨이 1850년에 노예 해방을 선언하고 설득했음에도 불구하고 노동인력이 많이 필요했던 남부에서는 이에 반대하여 독립을 선언하였고 결국 남북전쟁으로까지 이어지게 된다.

영화 〈노예 12년〉은 미국 북부 자유주[6]에 속해있던 뉴욕 주 사라토가에서 흑인이었지만 자유인으로 태어난 바이올린 연주가 솔로몬 노섭이 가족들과 즐거운 삶을 누리며 살다 1841년, 브라운과 해밀턴의 공연제안을 받고 3주 동안 워싱턴을 다녀오겠다며 집을 나서면서 이전과는 전혀 다른 노예로서의 삶을 살게 된다는 것으로부터 시작된다.

술에 취해 잠에서 깬 솔로몬의 손목과 발목에는 굵은 쇠사슬이 채워져 있었고 쇠창살이 쳐진 지하 감옥에 갇혀 알지도 모르는 사람으로부터 "네 놈은 조지아에서 도망친 노예"라며 몽둥이세례를 받게 된다. 즉, 악몽처럼 납치 감금되어 옷과 신발, 가방, 모든 것을 빼앗기고 심지어 이름과 성, 태어난 고향마저도 뒤바뀐 채, 노예주 중에서도 악명 높은 루이지애나의 노예수용소로 보내진다. 그곳에서도 이유를 막론하고 질문이나 말대꾸, 반항이나 저항, 혹시라도 글을 알고 있다는 것(자신의 정체)을 나타내면 가차 없이 모진 폭력과 고문, 언제 총살을 당할지 모르는 공포 속에서 오직 살아남기

6) 1800년대 미국은 노예제도를 따르는 남부의 노예주(州)와 그렇지 않은 북부의 자유주(州)로 나뉘어져 있었다.

위해 순종과 복종만을 필요로 하는 백인 주인을 기다리며, 쇠사슬에 묶인 도망친 노예로 상품처럼, 가축처럼 노예시장의 가판대에 세워지게 된 것이다. 그곳에서 자신과 같은 처지의 많은 흑인들을 보게 되고 "제 감정은 돈에 따라 움직인다"며 가축을 팔 듯 두 아이의 엄마를 자식들과 뿔뿔이 흩어 팔아넘기는 노예매매상인의 파렴치함과 몰인정함을 목도하면서 어쩔 수 없이 악몽 같은 현실을 인식하고 수용하게 된다.

솔로몬은 '플랫'이라는 새 이름으로 하루종일 고된 일과에 시달렸지만 저녁에는 백인들의 파티에서 바이올린 연주를 해야 했다. 그나마 바이올린을 선물로 주는 인간적인 백인을 만나기도 하지만 첫 번째 주인의 형편이 어렵게 되어 다른 곳으로 팔려가게 된다. 두 번째 주인 에드윈 엡스(마이클 패스벤더)는 순간의 상황에 인내하지 못하고 돌발적인 행동과 충동적인 감정을 표출하는 다혈질에 감정의 기복이 심한 술주정뱅이로 혹독하게 노예를 다룬 것으로 악명이 높은 자이다. 그는 노예들 중에서도 날마다 하루 500파운드 넘게 목화를 수확해내는 팻시(루피타 니옹)라는 여자 노예를 일방적으로 사랑한다며 그의 아내인 메리 엡스(사라 폴슨)로부터 질투와 시기를 받게 하여 팻시를 매번 곤혹스럽게 만들곤 한다.

즉 이들 부부의 호화로운 저택에서의 생활과 노예들에게 대하는 거만한 태도와 일상속의 명령적인 언어들을 복종해야 하는 노예로서의 비참한 삶이 어떠한지 그 전형을 노예주와 대칭적인 구조로 보여준다. 노예들은 날마다 작열하는 목화밭에서 목화송이를 수확해야 하기에 그 노동의 피로를 잊고 서글픈 운명의 굴레에서 벗어날 수 없음을 '노동요'를 부르며 달랜다. 마치 우리나라의 삼국시대 이후부터 농어민들과 아녀자들이 즐겨 불렀던 그런 종류의 노동요를…….

예술가였기에 노동에 익숙하지 않는 플랫은 노예의 일일 평균 작업량인 200파운드에도 못 미친다며 수시로 온갖 채찍과 수모를 당하기 일쑤였다. 심지어는 자신을 괴롭히는 백인 감시관을 폭행했다며 뜨거운 뙤약볕 아래 온종일 밧줄에 목이 걸린 채 발만 겨우 닿는 높이의 나무에 매달려 죽음 직전까지 이른다. 그 잔혹한 장면은 예수님이 십자가에 못박인 모습 같아 차마 눈뜨고 볼 수가 없었다. 이 영화에는 다른 흑인 여자 노예들이 대부분 그랬던 것처럼 팻시 역시 남자 주인으로부터 강간을 당하게 되자 스스로 목숨을 끊을 수 없으니 플랫에게 죽여달라고 하기도 하고 더 기가 막힌 것은 안식일이어서 씻으려고 이웃 부인에게 비누를 빌리러 간 팻시를 탈출을 시도했다며 독이 오른 남자 주인이 나체로 나무에 묶어 살점이 뜯겨져 나가도록 노예인 플랫에게 채찍질 하게 하는 장면은 차마 눈 뜨고는 볼 수가 없었다.

하나님을 믿고 성경을 보고 찬송과 기도를 드리는 백인들이 피부색이 다르다는 이유 하나만으로 편견과 차별을 하고 똑 같은 인간을 노예로 부리고, 인권을 탄압하며, 자신들의 기분과 감정에 따라 폭력을 행사하고, 불순종과 탈출을 시도했다며 총살이나 교수(絞首)를 할 수 있는 백인들의 흑인 노예에 대한 인종차별!

솔로몬 노섭은 태어날 때부터 노예가 아니었다. 그런데도 흑인이라는 이유로 납치·감금되어 팔려가 12년간의 슬픈 신분의 담에 갇혀 노예로서 생존하기 위해 혹독한 시간을 보내야 했다. 그는 불행 중 다행히도 노예제도를 반대하는 캐나다인을 만나게 되면서 기적적으로 구출되어 가족들의 품으로 돌아갈 수 있었다.

3. 무엇이 인간을 신분으로 구분하고 계층화 하여 탄압 하는가

마틴 루터 킹은 '사람은 품성으로 판단되어야지 피부색으로 판단되어서는 안 된다'라고 했다. 하나님이 당신의 형상대로 인간을 창조한 이래 누구나 똑같은 생각과 감정을 가진 사람인데 어떻게 사람이 사람을 신분으로 구분하고 계층화하여 탄압할 수 있단 말인가.

구석기 시대 이후 현대 자본주의 사회에 이르기까지 잉여자본은 인간을 신분으로 구분하게 만들었고, 지배계급과 피지배계급으로 계층화 하는 모멘트가 되었다. 그런 것들이 시대에 따라 전 세계적으로 확산되어 사상이 형성되고 많이 가진 자의 자본이 힘과 합해져서 권력과 명예를 가져 주종관계에 노예나 노비를 만들었으며, 현대에 이르러서도 진화되고 변질되어 이름과 형태만 바뀐 노사 지배구조 속에 갑과 을이 형성되었던 것이다.

알렉스 헤일리의 『뿌리』는 흑인노예에 대한 역사와 그 실상을 잘 알 수 있는 유명한 소설로 쿤타킨데의 후예들이 백인들의 인종차별로 얼마나 오랫동안 백인들의 핍박과 억압 속에 차별을 받고 살아왔는지 상세하게 묘사되어 있다. 또한 영화 〈헬프〉나〈굿바이 만델라〉,〈말콤 X〉, 위인전『마틴 루터 킹』이나『간디』등에서도 흑인에 대한 인종차별과 인권탄압에 대한 해방과 그 항거하는 방법으로 우리들에게 많은 감동을 주고 있다.

몇 년 전, 우리나라에서도 지적장애인을 인신매매 하거나 가출 청소년이나 카드나 사채 빚 등 경제적인 어려움을 가진 사람들을 볼모로 하여 '염전노예' 나 '축사 노예', '농가 노예' '성 노예' 등 현대판 노예처럼 사회적 약자를 무임금으로 부려온 사람들의 부조리함을 TV나 인터넷뉴스를 통해 왕왕 보게 된다. 심지어는 '노예계약' 이나 '열정페이' ,'앵벌이' 같은 신조어까지 나올 정도이니 현대 우리 사회의 사각지대에서도 인권을 침해하는 사례들이 비일비재하게 일어나고 있음을 잘 알 수 있다.

사실 노예는 서양의 고대 그리스 이전과 동양의 수메르 및 고대 이집트와 아시아 전역의 고대 문명과 인도의 카스트 제도 등에서도 발견되기도 한다. 성경에서도 히브리인들이 400년간 노예생활을 해서 모세를 통해 약속의 땅 가나안으로 출애굽한 사실을 알 수 있다. 또한 우리 한국사에서도 고조선의 8조법 중 '도둑질한 자는 종으로 삼는다'는 구절이 있으며, 삼국 시대에도 왕족과 귀족, 평민과 천민의 구분이 명확했고, 조선 시대에도 양반, 중인, 평민, 천민으로 신분이 구분되었다. 이런 신분제가 갑오경장 때에 폐지되었다고 하나 실제 현대에서도 학벌과 직업과 경제력으로 형성된 권력과 명예와 지위로 인한 서열적 존재의 신분이 존재한다.

그러나 사람은 누구나 부모를 선택하여 태어날 수는 없다. 흑인이나 선천적인 질병과 장애, 혹은 추한 외모나 가난한 부모를 가진 사람으로 태어나고 싶은 사람도 없다. 정보통신과 교통의 발달로 인적, 물적 자원이 글로벌 시대에 맞게 네트워크화 되고 있는 요즘, 민족과 종교와 문화와 전통이 다르고 신념과 이상, 그리고 인종과 외모 등 선천적이고 환경적인 차이를 가진 많은 사람들에게 행해지는 편견과 차별에 대해 이 영화는 경종을 울리고 있다고 본다.

이것은 곧 자유를 찾은 솔로몬 노섭이 악몽처럼 지옥과 같았던 노예생활의 기억을 더듬어『노예 12년』을 집필하게 된 이유라고 필자는 생각한다. 왜냐하면 출간된 이 책이 18개월 만에 2만 7천부가 판매될 정도로 베스트셀러가 되었다는 것도 백인들의 인권탄압의 실상과 노예제도의 불합리성에 인도주의적 가치와 그 정신을 회복해야 함에 공감하는 독자들이 많았음을 증명하는 것이고, 또한 『노예 12년』이 영화로까지 제작된 것도 인종차별이 극심했던 당시 미국사회뿐만 아니라 현 시대에도 두 번 다시 이런 일이 일어나서는 안 된다는 것을 말해주는 것이며, 그 슬픈 인종과 신분의 담을 넘어 타인의 입장과 처지를 이해하고 배려하여 더불어 살아가고자 하는 이들이 많다는 것을 의미하기 때문이다. 이는 또한 스티브 맥퀸 감독이 솔로몬 노섭의 12년간의 노예로서의 삶을 통해 영화로 보여주고자 하는 제작 동기와 그 메시지이기도 할 것이기 때문이다.

솔로몬 노섭의 부인이 12년 동안 남편의 무사귀환을 기도했던 것처럼 나도 모임에 나간 남편의 안전한 귀가를 기도했다.

사랑과 추억, 삶과 계절의 로망스
- 기억하는 사람 속에 기억되는 사랑 -

1. 군산, 기억속의 풍경과 마주하다

1998년에 개봉된 허진호 감독의 데뷔작인 〈8월의 크리스마스〉는 IMF로 힘들고 어려웠던 때에 누구나 떠올리면 잔잔한 미소와 함께 마음속 풋풋한 그리움을 생각하게 하는 영화이다.

'내 기억 속의 무수한 사진들처럼 사랑도 언젠가는 추억으로 그친다"는 대사처럼' 당시 필자도 사진으로만 남아있는 남동생을 떠나보낸 지 얼마 되지 않는 시점이어서 무척 가슴 뭉클하게 와 닿았었다. 더군다나 영화의 주된 촬영지가 내가 거주하고 있는 군산인데다가 나의 사랑과 추억이 배어 있는 풍경들과 마주하다보니 왠지 가슴이 설레고 몹시 두근거렸었다. 당시 봐왔던 한국영화중에서 가장 깔끔하고 순수한 사랑을 이야기 하고 있어 더욱 선명한 기억으로 남아있는 작품이다.

2. 사랑과 추억, 삶과 계절의 로망스

이 영화는 구청 주차단속원인 20대 김다림의 청순 발랄한 모습과 서울 변두리에서 사진관을 운영하는 30대 중반인 유정원의 시한부 인생을 담담하게 인정하고 수용하면서 서로에게 물이 스며들듯 다가서는 모습이 참으로 신선하게 다가왔다.

영화의 카메라 동선은 정원이 방에서 엎드려 잠들어 있고 반쯤 열린 방문 사이로 여름햇살이 비추인다는 것, 그리고 인근 초등학교의 선생님과 학생들의 소리가 들려오면서 잠에서 깨는 것으로 영화는 시작한다. 죽음을 상징하기도 하는 잠, 그런 잠에서 깨어난다는 것과 열린 문으로 햇살을 비추인다는 것, 그리고 멀지 않는 곳에서 초등학교 학생들의 소리가 들려온다는 것, 그런 상징적인 화법을 모티프로 영화는 희망적인 메시지를 암시한다. 바로 허진호 감독이 말하고자 하는 꿈과 소망, 그리고 순수한 사랑과 서정의 시선법이 읽혀지는 부분이다.

아이들이 모두 가버린 텅 빈 운동장에 남아 있길 좋아했던 정원은 그곳에서 돌아가신 어머니와 아버지를 생각하고 그리고 자신도 언젠가는 사라져버릴 것을 생각하면서 쓸쓸한 우수에 잠긴다.

하지만 삶이라는 것은, 살아간다는 것은 텅 빈 운동장에 주저앉아 쓸쓸한 우수에 잠겨있을 수만은 없는 법이다. 살아있는 동안은 주어진 일상을 하루하루 헤쳐 나가야 하기에 정원은 스쿠터를 타고 더운 여름날의 바람을 가르며 힘차게 내일을 위해 앞으로 나아가야 하는 것이다. 이런 것이 곧 감독의 미래지향적인 동적 낙천성인 것이다.

죽음을 앞두고 있는 정원이 친구 부모님의 장례식에 다녀와서 몸과 마음이 지쳐있던 날, 구청 주차단속 요원인 다림이 사진을 빤

리 인화해달라고 재촉하며 다가선다. 귀찮듯 쌀쌀하게 대한 것에 미안한 정원은 다림에게 아이스크림을 건네고 자연스럽게 대화의 물고가 트이고 만남이 시작된다.

날마다 비슷한 시간이 되면 주차 단속 차량의 사진을 인화하러 온 다림은 그늘지지 않는 밝은 미소와 적극적이면서도 솔직담백한 모습으로 정원에게 다가선다. 정원은 자신에게 다가올 죽음에 주저함을 느끼면서도 다림의 다가섬이 싫지가 않다. 무거운 짐을 스쿠터에 실어주고 태워주기도 하고, 같이 놀이공원에 놀러도 가고, 맥주도 함께 마시면서 싱그러운 다림의 순수함에 동화되어 정원의 가슴에도 풋풋한 사랑의 푸른 잎이 돋아나기 시작한다.

하지만 비디오 리모컨도 조작할 줄 모르는 아버지를 남겨두고 자식인 자신이 먼저 죽음을 맞이해야 할 것 같은 조급함에 여름날의 무더위 같은 짜증과 분노와 불안, 그 혼란한 갈등의 한기가 뒤섞이게 된다. 바라만 보아도 떠올리기만 해도 미풍처럼 시원하고 상큼한 느낌으로 다가오는 다림의 청순한 모습, 그녀와의 만남이 잦아질수록 얼마 남지 않는 짧은 시간 앞에 오래도록 가슴에 남을 것 같은 긴 사랑의 나무는 키를 키우고 죽음을 향해 자꾸만 가지를 뻗어가는 공포와 두려움으로 정원은 괴로워한다. 먼 훗날 추억으로만 남을 그들만의 사랑일건만 같아 가슴이 뭉클하다.

3. 기억하는 사람 속에 기억되는 사랑

그렇듯 서로를 향해 다가가는 모습이 너무도 애틋하고 아름다워 영화를 보는 나의 마음까지도 안타까웠다. 특히나 〈창문 너머 옛 생각이 나겠지요〉 라는 가요가 배경음악으로 깔리면서 정원이 버스를 타고 가며 되새기는 사랑이 언젠가는 추억으로 남게 되리라는 대사가 다림과의 이루어질 수 없는 사랑을 예감하게 한다. 생각은 온통 그에 대한 궁금증으로 가득 차 있어 자신도 모르게 발길을 옮기는 다림, 몇 날 며칠을 부푼 기대로 찾아왔지만 날마다 닫혀있는 사진관, 궁금함과 답답함과 알 수 없는 불안으로 많은 편지를 보내보지만 그래도 닫혀 있기만 하는 창문을 향해 돌을 던져버리는 다림의 속상하고 애틋한 마음, 그 사랑에 대한 명제는 정원에게 추억되지 않고 가슴에 안고 갔던 것이다. 추억은 먼 훗날 살아남은 자의 몫이기 때문이다.

그렇듯이 8월에 만남으로 시작된 사랑이 크리스마스 무렵에 찾아온 죽음과 때맞춘 발령으로 서로 이별도 없이 이별하게 되어 끝이 나는 영화, 짧은 시간 속에 긴 사랑이 그리움으로 추억되는 영화, 그리하여 기억하는 사람 속에 기억되는 사랑, 삶과 죽음, 여름과 겨울이라는 계절의 이원성을 밑그림으로 하면서 사랑과 추억을 남기며 아련하게 영화는 막을 내린다.

이 영화는 젊은 남녀의 사랑과 추억을 이야기하면서도 노출신이나 키스신이 하나 없을 정도로 통속적이거나 상업적이지 않다. 오직 비온 뒤의 날씨처럼 정갈하고 투명하리만치 순수하다. 그래서 은은한 감동이 있고 자못 슬프기까지 하다.

또 하나 이 영화가 좋은 느낌으로 와 닿는 것은 죽음 앞에 찾아온 사랑의 감정을 폭발시키지 않고 절제된 표현으로 승화하여 지나치게 슬프거나 재미 위주에 빠지지 않고 작품의 가치를 높였다는 점이다.

죽음이라는 예고된 갈등과 함께 찾아온 8월의 사랑이 첫눈이 오는 크리스마스 때에 끝이 나는 애절한 영화, 8월의 크리스마스! 가슴 한켠에 묻어둔 그리운 이로부터 크리스마스카드 한 장을 받아든 것처럼 가슴이 뛰고 뭉클하여 오래도록 기억 될 것 같다.

결국 사랑도 언젠가는 추억으로 그친다는 명제를 정원의 죽음으로 하여 그들의 순수한 사랑은 관객들에게만 추억되어야 했던 것은 아닐까. 첫사랑의 추억처럼, 어린 날의 수채화처럼 삶을 살아가다 그 계절이 오면 사랑했던 그 사람이 그리운 풍경 속에 다시 추억되는 것처럼 말이다.

귀 기울여 들어주고 마음 헤아려줄 단 한 사람의 사랑

1. 가족이라는 슬픈 운명의 공동체

일요일 오후, 교회를 다녀오는 길에 마트에 들려 장을 보고 집에 와서 물건들을 정리한 후 TV《일요시네마》를 보는 것이 꽤 오래 된 습관이다.

이번 주 영화는 가족이 무엇이며, 진정 사랑하는 사람은 어떠한지를 말해주는 라세 할스트롬 감독의 〈길버트 그레이프〉(1993)라는 영화이다. 미국 중서부 아이오아주의 '엔도라'라는 시골 마을의 작은 식료품 가게에서 잡무나 배달 일을 하는 길버트(조니 뎁)를 중심으로 펼쳐진다.

자신의 존재의 근원이 되는 가족, 그런 가족들을 소중하게 생각하는 길버트는 가장이 아닌데도 자살한 아버지를 대신해서 가족들의 생계를 책임져야 하는 가장으로서의 역할과 그런 가족들의 돌봄으로부터 자유롭고 싶은 욕망과 청년으로서의 아름다운 사랑과 꿈을 이루고 싶은 소망을 가슴에 품고 살아가다 한 소녀를 만나게

됨으로써 그런 것들에 대한 새로운 삶에 대한 인식의 전환을 맞게 된다는 내용이다.

퀴리부인은 '가족들이 서로 맺어져 하나가 되어 있다는 것이 정말 이 세상에서의 유일한 행복이'라고 말했다. 하지만 길버트에게 가족들은 그를 중심축으로 삶을 의지하며 희망의 가지를 뻗고 있어 이 영화의 원제인 'What's eating Gilbert Grape'를 늘 상기하게 할 정도 안타깝고 안쓰러운 존재이다. 젊었을 적에는 미모의 여인으로 마을에서 소문이 자자했던 어머니는 아버지의 자살로 정신적 충격을 받아 칠 년 동안 집밖을 나가본 적 없어 붙박이장처럼 소파에 앉아 아이들이 해준 밥과 간식을 먹거나 TV만 보곤 해서 움직이기도 힘들 정도로 고래처럼 거구가 되어버렸고, 이제 열여덟 살이 된 남동생 어니는 지적장애아로 틈만 나면 나무나 가스탱크처럼 높고 위험한 곳을 올라가려는 버릇이 있어서 늘 데리고 다니며 돌봐야만 한다. 이렇게 가족들의 사랑과 관심을 받아서인지 성격은 밝고 명랑하며 늘 웃음을 잃지 않아 미워할 수 없는 존재이다. 서른네 살 큰누나인 에이미는 학교 구내식당에서 근무하다가 실직해서 집안 살림을 도맡아 하지만 어머니의 손길처럼 야무지지 못해 집안 곳곳에는 먼지가 앉아있고 욕실에는 빨래들이 나뒹굴고 곰팡이가 피었다. 막내여동생인 열여섯 살 엘렌은 트럼펫을 잘 불지만 사춘기여서인지 외모에만 관심이 있고 불만이 많아 길버트를 도와주지 않아 힘들게 하곤 한다.

'가정이야말로 고달픈 인생의 안식처요 모든 싸움이 자취를 감추고 사랑이 싹트는 곳이요, 큰 사람이 작아지고 작은 사람이 커지는 곳이'라고 허버트 조지 웰스는 말했는데 길버트는 가족들을 부양해야 한다는 책임감과 의무감에 집을 떠날 수도 없고 도시로 나가 좋은 직장에 취직도 할 수도 없어 마을의 울타리 안에서 집과 가게만을 오가며 고달픈 인생을 살아간다.

그 지루한 일상과 유약한 마음을 비집고 동네에서 보험대리점을 운영하는 캔 카버 부인이 물리치기 힘든 유혹으로 다가와 불륜 관계를 맺기도 한다. 그만큼 길버트가 마음을 풀어놓고 의지할 곳이 없었으며, 어느 누구에게도 따뜻한 위로와 편안함을 느껴보지 못했다는 의미일 것이다. 그런 그들의 적절치 못한 관계를 캔 카버가 눈치 챈 듯 길버트에게 경각심을 심어주듯 불안하게 옥죄어오곤 한다. 그때, 할머니와 캠핑을 다니다가 캠핑카가 고장이 나서 그 마을에 머물게 된 베키가 길버트가 일하는 식료품 가게에 물건을 구입하러 오게 되면서 그들은 서로에게 관심을 갖게 된다. 그 찰나 캔 카버가 익사를 하게 되고 길버트와 베키가 가까워진 것을 안 카버 부인은 그 마을을 떠나게 되어 그들의 관계도 자연스럽게 정리가 된다.

일하는 곳까지 다 큰 남동생을 데리고 다니며 힘겹게 일하는 길버트를 따뜻한 눈빛과 너그러운 마음으로 받아들여주고 그 심정을 헤아려주는 베키, 그래서 여자친구는 아니 사랑하는 사람은 자신의 존재를 지속하게 하는 힘을 주는 존재인가 보다. 물을 무서워하는 어니에게 물이 결코 무섭지 않다는 것을 이해시키기도 하고 항상 가족만을 챙겨야 하고 가족을 위해 희생해야 하는 것에 익숙한 길버트에게 "네가 원하는 것이 뭐야?"하고 물어봐주며 길버트 가슴 안 깊숙한 곳에 밀어 넣어둔 가족들로 인해 생긴 내면의 상처와 젊은 청춘으로서 하고 싶은 내적 열망들을 밖으로 표출하도록 도와주며 그 이야기를 귀 기울여 들여준다. 그리하여 길버트는 '가족들이 새집[7]에서 살았으면 좋겠고, 어니에게 새로운 머리[8]를 줬으면 좋겠고, 그런 어니를 위해 자신이 좋은 사람[9]이 되었으면 좋겠다'고 말한다. 가슴 안에 쌓아두기만 했던 축적된 감정과 이야기들을 베키에게 다 풀어놓음으로써 길버트는 짐 같기만 한 어니를 한 사람의 인격체로서 긍정적인 존재로 인식하게 되고, 몸이 코끼리만 해서 항상 부끄럽게 생각한 엄마를 이젠 용기를 내어 베키에게 소개하기도 한다. 사실 그런 베키도 겉은 밝고 자유분방하며 자신감 있는 모습이지만 그녀도 부모의 이혼으로 내면의 아픈 상처가 있다. 하지만 그녀에겐 아낌없이 사랑해주고 이해해주는 산처럼 너그럽고 인자한 할머니가 있어서인지 그녀는 그늘 없이 자신감 있게 삶을 주체적으로 살아간다.

2. 부모 된 자의 삶의 모습은 어떠해야 하는가?

영화를 보는 내내 안타깝고 불편했던 진실은 엄마의 트라우마와 그로인한 자포자기식의 무기력한 삶의 모습이다. 어느 날 갑자기 남편이 사라지듯 자살을 해버렸기 때문에 엄마에겐 큰 충격이었을 것이다. 러시아의 유명한 소설가인 도스토예프스키도 아버지의 사망(객사)의 충격으로 간질병까지 생겼다고 하지 않던가. 하지만 무책임하게 죽은 남편도 문제이지만 부모라면 아니 엄마라면 며칠을 앓아 누었다가도 남은 자식들을 위해서라도 더 강하고 씩씩하게

7) 아마도 자살한 아버지의 기억을 떠올리지 않는, 그리고 엄마가 살림을 해서 좀 더 깨끗하고 아늑한 집을 원할 것이다.

8) 지적장애아가 아닌 일반인처럼 평범한 지능을 가진 사람이 되었으면 좋겠다는 의미일 것이다.

9) 어니가 일반인처럼 산다면 자신의 마음도 여유가 있어 어니에게 너그럽게 대해줄 것이고, 힘든 일을 끝나고 와서 다 큰 어니를 목욕시키지 않아도 되니까…….

일어서며 열심히 살아가야 하지 않을까?

스탕달이 한 말이 생각난다. '어머니란 스승이자 나를 키워준 사람이며 사회라는 거센 파도로 나아가기에 앞서 그 모든 풍파를 막아주는 방패막이 같은 존재'라고 했다. 그런데 정신적인 큰 충격을 받으면 스스로 삶의 고난을 이겨내기가 힘든 무력한 존재가 되는 것인지 어떻게 자식들이 넷이나 되는데 집안일마저도 하지도 않고 아이들이 해준 밥과 간식만을 먹으며 거구가 되도록 몸을 부풀리며 동물적으로 살아갈 수 있단 말인가. 더욱이 지적장애아도 돌보지도 않고 일하러 다니는 아들에게 그 아이를 돌보게 하며 일을 하게 한단 말인가. 물론 작품을 만들기 위한 소설이었고 영화였기에 가능했겠지만 말이다.

여기서 작가는 그런 엄마를 각성시키는 사건을 어디로 튈지 모르는 어니로 인해 발생하게 한다. 어느 날도 가게에서 일하는데 어니가 아파트 높이의 가스탱크 위에 올라가서 보안관이 참다못해 구속하려고 유치장에 가두자 외상 후 스트레스 장애로 칠 년 동안 밖을 나가본 적 없는 엄마가 용기를 내어 그 큰 몸집을 뒤뚱거리며 파출소를 향해 '내 아들 내 놓으라'며 어니를 데리고 나오는 것이었다. 그 모습을 지나가는 동네 사람들이 다 보게 되고 마치 동물원의 코끼리를 본 것처럼 희희낙락하며 거대한 엄마의 모습을 비웃고 조롱하며 심지어는 사진을 찍으려고 카메라를 들이대는 사람까지 있게 된다.

집에 돌아온 엄마는 사람들의 비웃음과 조롱 속에 거구가 되어버린 자신의 모습을 되돌아보며 무기력하게 살아온 삶을 후회하게 되고 자신의 트라우마로 길버트와 자식들에게 너무도 무거운 짐을 짊어지게 했다는 것을 비로소 깨닫게 된다.

그런데 깨닫는 과정에서 더 충격을 받은 것일까. 그 다음날 엄마는 간신히 올라간 2층의 침대에서 잠든 채 죽게 되고 크레인을 불러서 장례를 치러야 할 것 같은 일이 벌어진다. 그리하여 남매들은 사용할 만한 짐들을 밖으로 꺼내놓고 동네사람들의 구경거리가 되기 전에 엄마가 깊이 잠든 집을, 그리고 아버지가 자살했던 아픈 기억들을 함께 지우고자 그 집에 불을 질러 엄마를 화장 한다. 엄마의 죽음으로 큰누나는 새로운 직장에 취직을 하게 되고 엘렌은 다른 곳으로 전학을 가고, 길버트는 동생 어니를 데리고 캠핑족인 베키와 함께 새로운 인생을 위해 길을 떠나며 영화는 막을 내린다.

3. 귀 기울여 들어주고 마음 헤아려줄 단 한 사람의 사랑

토니 험프리스 라는 심리 상담가는 『가족의 심리학』이라는 책에서 스위스의 내과의사 겸 정신의학자인 폴 트루니에 박사가 한 말을 인용했다. '자기 말에 진심으로 귀 기울여 들어주고 진실로 이해하고 받아들여줄 상대를 찾고 싶은 인간의 무한한 욕구는 아무리 강조해도 지나치지 않다'고 말이다.

이 영화에서 길버트가 베키를 만난 것이 얼마나 다행스러운 일인지 모른다. 하루종일 피곤하게 일을 하고 집에 들어와도 행복하거나 마음이 편하지가 않는 길버트, 집에 돌아와서 어니를 목욕시켜야 하고 어니가 잠을 자야만 마음을 놓고 잠을 잘 수 있으며, 늘 엄마의 눈치를 살펴야 하고 큰누나를 도와야 한다. 아직 전정만리 같은 싱그러운 청춘인데 가족들에게 저당 잡혀 집밖에서나 집안에서나 한시도 마음 편하게 지내보지 못한 것 같아 자식을 둔 부모의 입장에서 너무도 안타깝고 안쓰럽기만 하다. J·G 홀런드는 '사람은 집에 있을 때 가장 행복해진다'라고 했는데 말이다.

그런 길버트에게 눈빛을 마주하고 가슴안의 이야기들을 귀 기울여 들어주고, 아버지의 자살과 그런 아버지의 역할까지 떠 않은 힘겨운 어깨를 자신의 어깨에 기대게 해주고, 누구에게도 풀어놓지 못한 삶의 무겁고 슬픈 마음을 내려놓으며 아픈 상처를 다독여주는 가슴 따뜻한 사랑을 지닌 단 한 사람의 베키, 우리가 삶을 살아가는 이유는 바로 이렇게 사랑하는 사람, 사랑하는 가족을 위해서이며 그들이 곁에 있기 때문이고, 그런 가족을 위해 힘들고 고달픈 일이지만 참고 견디며 극복해가는 것 아닐까. 슬프고 가슴 아픈 기억들과 무겁게 억압했던 현실적인 상황들을 죽은 엄마를 화장하는 불길 속으로 다 태워버리고 깨끗하고 좋은 집에서 어니에게 좋은 형 노릇하면서 아름답고 마음씨 고운 베키와 행복하게 잘 살아가길 기도해본다.

가족, 그 이름 하나로
- 상처 마주하고 끌어안기 -

1. 잃어버린 시간, 못 다한 그리움

이팝나무 꽃과 아카시아 꽃이 은은한 향기를 내품는 5월 초순이다. 가정의 달이어서인지 '37년 만에 가족을 찾은 눈물겨운 사연'이 인터넷 뉴스에 떠서 가슴을 먹먹하게 한다. 주인공은 김영훈(47·당시 10세)씨와 여동생 영숙씨(44·당시 7세)로 이들은 서울에서 부모와 살다 가정형편이 어려워져 충남 아산의 조부모 댁에서 살다 갑자기 조부모가 사망하여 같은 마을에 살던 작은아버지가 이들 남매를 맡아 기르다가 서울 부모에게 데려다주던 길에 남매를 잃어버렸다고 한다. 작은아버지는 미안한 마음에 이런 사실을 남매 부모에게 알리지도 못한 채 사망을 했고 그들 친부모는 일 년이 지난 뒤에야 아이들의 실종 사실을 알게 되었다. 부모는 남매에 대한 미안함 때문에 자녀를 더 이상 갖지 않기로 했고 괴로운 시간을 보내며 그리움을 키우다가 2012년 12월 경찰서에 '30여 년 전 잃어버린 아이들을 찾아달라'며 실종 신고를 했다. 신고했던 사진 속 가방끈이 실마리가 되어

학교 생활기록부와 해외 입양자료, 프랑스 현지 교민과 한인단체 등의 도움을 받아 드디어 37년 만에 부모를 찾게 되었고, 만남의 시간을 갖게 되었던 것이다. 통역관을 통해 자세한 내막을 전해들은 남매는 그동안 부모가 자신들을 버린 줄로만 알았다며 그리움과 서러움이 뒤섞인 눈물을 쏟아내며 부모를 끌어안고 한없이 펑펑 울었다. 다행히도 남매가 한 집에 같이 입양되어 외롭고 힘들 때 서로 의지하며 살아왔겠구나 하는 생각과 늦게나마 부모를 찾아 기쁨과 못 다한 정을 나누는 모습을 보니 참 가슴 뭉클하다.

2. 영화 속 가족풍경

이렇게 가슴 뭉클한 만남이 영화화 된 경우도 있다. 영화 〈라이언〉[10]으로 1986년 당시 다섯 살이었던 인도 소년 사루 브리얼리는 야간 일을 하러 간 형(구뚜)을 기다리다 홀로 기차역에서 잠이 들었고 형을 찾아 헤매다 아무 기차나 타게 되면서 가족과 헤어지게 되었다. 사루는 몇 개월을 떠돌다 아동보육기관을 통해 호주 양부모에게 입양되었고, 다행히도 그들이 진실한 사랑과 헌신으로 돌봐주어 건강하게 성장했다. 대학원에서 우연히 인도 친구들의 저녁식사 초대를 받은 사루는 그 자리에서 '젤라비'라는 디저트를 먹게 되었고, 어렸을 적, 형에게 그것을 사달라고 졸랐던 기억이 떠오르면서 고향의 엄마와 형이 자신을 찾아 헤매고 다녔을 것을 생각하며 괴로워하다 친구들에게 고민을 털어놓게 된다. 그 때 친구들이 위성영상지도 서비스인 '구글어스'는 세계 어디든지 다 찾을

10) 영화의 제목인 〈라이언〉은 '셰루'라는 인도의 말로 '사루'라고 잘못 알고 있는 사루 브리얼리의 이름의 뜻이다.

수 있다는 말에 희망을 갖고 당시의 열차 속도에 기차에 있던 시간을 곱해 그 오차범위 안에서 큰 물탱크가 있는 기차역을 찾기 시작한 후 3년 만에 즉, 가족들과 헤어진 지 25년 만에 그 기차역과 마을을 찾게 되었고 고향땅 인도를 가서 가족들과 재회하게 되었다. 사루 브리얼리는 그동안의 기억들과 감정을 더듬어 책으로 발간했고, 영화 제작진이 그 내용을 알게 되어 영화화 되었다. 사루 브리얼리가 친부모를 만날 수 있었던 것은 친구들이 권유해준 '구글어스'와 친부모를 찾고자 하는 의지가 중요했다. 하지만 양부모가 사루를 친자식처럼 사랑과 정성으로 잘 양육해주었기 때문에 착하고 바른 인성을 가진 멋진 청년으로 자라 가족에 대한 그리움을 잊지 않았을 것이라고 생각한다. 왜냐하면 그 양부모는 사루만 입양한 것이 아니라 틱장애를 앓고 있어 버림받은 아이까지 입양하여 진실한 사랑과 헌신으로 인내하며 그들을 잘 키웠기 때문이다.

이렇듯 자기 친자식이 아닌데도 진실한 사랑과 헌신으로 잘 양육해주어 영화를 관람하는 관객들의 마음을 흐뭇하고 뭉클하게 하는 가족영화가 또 있다.

일본의 나카노 료타 감독의 〈행복 목욕탕〉으로 주인공인 아내 '후타바'는 남편'가즈히로'와 재혼했으나 그가 일 년 전 집을 나가 열여섯 살 딸인 '아즈미'를 데리고 가장노릇을 하며 강하고 씩씩하게 살아가다 췌장암 4기 말기암 판정을 받는다. 이미 폐와 간 등으로 전이되어 수술도 할 수 없는 지경이 되자 그녀는 딸의 미래를 생각해 탐정가를 시켜 남편을 찾게 된다. 그런데 철없는 남편은 이미 11년 전에 다른 여자와 한 달간 살다 아홉 살인 '아유코'라는 딸만 놔둔 채 가출을 하여 그 아이를 어렵게 키우고 있었다. 할 수 없이 그들을 데리고 집으로 돌아와 생일날이면 늘 해먹던 샤브샤브를 해먹으며 따뜻하게 맞이해준다. 그녀는 연명치료를 거부하고 아픈 몸으로 닫아두었던 목욕탕을 다시 보수해서 열고 남편과 딸들에게 자립심을 키워준다. 또한 그녀는 사춘기인 중학생 아즈미가 왕따를 당해 교복을 잃어버리고 오거나 학교를 가지 않으려고 해도 체육복을 입고라도 가라며 도망치지 말고 정정당당하게 맞서라고 용기를 주기도 하고, 생일날에는 딸이 좋아하는 색깔인 옥색 속옷세트를 선물로 주기도 하며, 아유코가 정서불안으로 바지에 오줌을 싸거나 생모를 좋아하고 그리워해도 괜찮다고 해주는 등, 속 깊고 마음 따뜻한 엄마 노릇을 한다. 두 딸을 데리고 떠난 마지막 여행지에서 거미게를 먹고 나오면서 아즈미에게 자신의 딸이 아니며, 해마다 4월 25일 아즈미의 생일 때가 되면 거미게를 보내준 사카미 키미씨가 조금 전 그 식당여종업원이고, 바로 아즈미의 생모라고 말해준다. 또한 그 생모가 열여덟 살 때 아빠를 만나 아즈미를 낳았지만 농아여서 아이를 키울 수 없어 집을 나가게 된 사연과 그동안 수화를 배워두라고 한 이유라고 설명해주며 생모에게 인사를 드리라고 한다. 그런 후타바는 여행에서 돌아오는 길에 어렸을 적 자신을 버린 생모를 찾았다는 말을 듣고 죽기 전에 엄마를 만나려고 그 집을 방문을 했지만 '나는 그런 딸을 둔 적이 없다'며 거부당하자 건강이 악화된다. 늦게야 철이 든 남편은 평소 아내가 '이집트에 가서 피라미드를 보고 싶다'는 말을 떠올리며 여행에서 돌아온 타쿠미와 아즈미, 아즈미의 생모, 아유코, 탐정가(남편과 엄마를 찾아준)에게 부탁하여 인간 피라미드를 만들어 보여주고 그녀에게 마지막 웃음과 기쁨을 안겨준다. 아즈미 역시 사경을 헤맨 엄마에게 절대로 혼자두지 않을 거라며 엄마의 임종을 지키고 후지산이 보이는 창가에서 그녀의 장례식을 치른다.

남은 가족들은 따뜻하게 데운 목욕탕 물로 목욕을 하고 후타바를 상징하는 빨간 연기[11]가 굴뚝에서 피어오르면서 영화는 막을 올린다. 즉, 자신도 생모로부터 버려져 상처받고 외롭게 살아왔기에 같은 처지의 의붓자식들을 외면하지 않고 진실한 마음으로 이해하고 사랑으로 키운 것이다. 그녀가 남긴 사랑과 헌신으로 나머지 가족들은 외롭게 떠돌던 힘들었던 시간과 마음들을 따뜻한 물로 서로의 등을 밀어주고 세상의 때를 말끔히 씻어내어 서로의 체온과 친밀감을 나누며 행복한 가족으로 거듭나게 된 것이다.

미국의 존 리 행콕 감독이 만든 영화 〈블라인드 사이드〉도 후타바처럼 활달하고 대인배 엄마 '리 앤'이 나온다. 걸핏하면 감옥을 드나들다 자살한 아버지와 마약과 알코올 중독자인 어머니 때문에 어린 시절 가족과 강제로 헤어져 여러 가정을 떠돌며 크던 '마이클 오어'는 건장한 체격과 남다른 운동 신경이 학교 코치 눈에 들어 미식축구를 하게 되지만 제대로 배우지 못했기에 성적미달로 운동마저 하지 못하게 되고 돌봐주는 집에서조차 나와야 하는 처지에 이르고 만다. 쌀쌀한 날씨인데도 여름옷을 입은 채 체육관으로 향하는 '마이클'을 우연히 보게 된 리 앤은 마이클이 자기 자녀들과 같은 학교에 다닌다는 것을 알게 되자 집으로 데려와 잠자리를 제공하고 함께 추수감사절을 보낸다. 하지만 마이클에게 돌봐줄 가족과 집이 필요하다는 것을 알게 되고, 쉽게 결정할 일이 아님에 갈등하지만 큰 체격에 어울리지 않게 순박하고 착한 마이클의 여린 심성을 알고 그에게 따뜻한 방과 옷을 마련해주고 자기 가족들과 똑같이 먹고 학교에서 수업을 받고 운동도 하게 해준다. 심지어 행

11) 후타바는 빨간 색을 좋아함.

정적인 절차상 보호자가 필요하다는 것을 알고 마이클의 옛집을 찾아가보지만 그 집의 궁핍하고 열악한 가정환경을 직감한 리 앤은 마이클의 생모에게 마이클의 보호자가 되고 싶다고 허락을 받는다. 그리고 마이클의 운동하는 모습을 직접 관람하고 그의 특성을 파악한 후 장·단점들을 마이클에게 이해하기 쉽게 알려주고 훈련을 시켜서 놀라운 기량과 실력을 발휘하게 하여 상급학교의 진학은 물론이고 지금도 유명한 미식축구 선수로 우뚝 서게 했다.

소설가 최인호는 작고하기 전에 〈샘터〉라는 잡지에 35년 1개월 동안 400호를 넘겨 자신의 가족들이 빚어가는 사소한 일상들을 소설로 써서 『가족』 9권까지 출간을 했다. 다른 작품들을 칭직하면서도 가족에 대한 글은 그 오랜 세월동안 꾸준하게 연재를 하였다. 아마도 『가족』의 앞표지 글처럼 '우리가 가정을 통해 진심으로 배워야 할 것은 사랑하는 사람을 올바로 사랑하는 방법'임을 말하고 싶었는지도 모른다.

요즘 뉴스를 보면 부모가 자기 자식을 학대하고 살해하는가 하면 자식이 부모를 죽이는 일들이 빈번히 일어나고 있어 충격을 주고 있는 것을 보면 참으로 귀감이 되는 일이 아닐 수 없다.

사랑하고 보호해주고 버팀목이 되어주어야 할 가족들을 올바로 사랑하지 못하거나 인내심 부족과 미성숙으로 가정이 해체되는 경우를 많이 본다. 그로 인한 가족의 이산과 부모의 부재, 그 상실감과 애정결핍, 그로 인한 마음의 상처를 받고 따뜻한 보금자리와 가족에 대한 근원적 존재를 그리워하며 외롭고 쓸쓸하게 살아가는 사람들이 늘고 있다. 그 시간들과 기억들은 누구도 보상해주지 못하고 되돌리지도 못하며 평생 그 사람들의 인생을 안타깝게 붙들어놓을 수 있다.

영화 '블라인드사이드'는 미식축구에서 쿼터백이 감지하지 못하는 사각지대를 말한다. 즉 서로의 사각지대를 지켜주는 위험하고 힘든 부분을 함께해주는 것이 '가족'이라는 말이다. 그것처럼 가족은 가정이라는 공동체 안에서 서로의 위험과 아픔과 고통으로부터 안전하도록 울타리가 되고 버팀목이 되어주어야 한다. 학교와 직장과 수많은 인간관계에서 지치고 힘이 들었어도 가정이라는 울타리 안에 들어서면 서로가 마음 터놓고 사소한 것까지도 이야기하며 웃고 울기도 하며 서로가 기댈 수 있는 위로가 되고 마음 편히 쉴 수 있는 안식처가 되어야 한다. 그 안에서 서로가 자유로워야 하고 진정 마음이 편안해야 한다.

평생을 가족의 생계를 위해 일에 치여 살아온 우리네 아버지들이 정작 가족들에게 인정받지 못하고 마음 둘 곳 없어 쓸쓸한 삶의 현장을 배회하지는 않는지, 남편에게 바가지를 긁고 자식들에게 잔소리를 해가며 가정경제의 도움이 되도록 억척스럽게 살아온 어머니가 가족들에게 말하지 못하는 병을 앓고 있지는 않는지, 또한 자신이 원하는 꿈과 소망이 있지만 가정형편과 원만하지 않는 가족 간의 갈등과 학교성적이나 또래들과의 문제로 거리를 표류하며 의지할 곳을 찾아 사회문제로 얽혀있지는 않았는지, 부모는 자식에게 자식은 부모에게, 부부 또한 서로에게 따뜻한 울타리가 되도록 서로를 아끼고 이해하려는 공감의식을 가져야 한다.

가족이라는 이름 하나만으로 오랫동안 서로에게 너무도 익숙해온 우리의 가족들, 무의식 결에 상처를 주고 마음을 힘들게 했다면 지금부터라도 서로의 아픔과 숨기고 싶은 세상의 모든 상처까지도 마주하고 끌어안아주며, 그 희로애락의 시간들이 추억으로 공유되도록 서로의 입장에서 생각하고 말하고 행동을 한다면 진정 행복한 가족들이 되지 않을까. 비록 그 사랑하는 표현이 조금은 서툴고 어색해도 말이다.

수필문학의 좌표에서 방향 읽기
- 삶과 문학의 경계, 아포리즘의 다양한 시선 -

1. 삶의 기로에서 만난 한줄기 빛

오래 전에 영화 〈캐스트 어웨이(Cast Away(2000)〉라는 영화를 본 적 있다. 그 영화의 마지막 장면이 너무도 인상적이어서 아직도 선명한 기억으로 남아있다. 택배 일을 하는 주인공 척 놀랜드(톰 행크스 분)는 여자 친구인 캘리를 무척 사랑하지만 늘 바쁜 시간에 쫓겨 사느라 함께 보내며 추억을 만드는 시간을 갖지 못한다. 심지어 크리스마스 이브마저도 그녀와 데이트를 보내는 도중 빨리 비행기를 타라는 호출을 받을 정도로 항상 시계를 보며 바쁘게 살아간다. 할 수 없이 그는 연말에 연인과 만날 것을 기약하고 그녀가 준 시계를 가지고 비행기를 타지만 착륙 직전 비행기 사고를 당해 무인도에 조난당하게 된다. 4년 동안 오직 캘리에 대한 사랑과 언젠가는 그녀를 만날 수 있다는 희망을 품고 생존을 위해 외롭게 살아간다. 그러다가 어느 날, 떠내려 온 알루미늄판자를 이용해 뗏목을 만들어 탈출을 시도하다 지나가는 선박에 의해 구조된다.

하지만 그 사이 사랑하는 연인은 이미 다른 남자의 아내가 되어 있었고 그는 그렇게 소중한 많은 것들을 잃어버리고 난 후 허탈하게 삶의 기로에 서 있게 된다. 동서남북 광활한 들녘 사거리 한 가운데에서 어디로 가서 무엇을 위해 어떻게 살아가야할지 말이다. 그렇지만 그는 내일은 내일의 태양이 뜰 것이므로 또 새로운 삶과 세계를 선택하여 나아갈 것을 암시하기 위해 마지막 한 방향을 응시한다. 우리들의 인생이 모두 그러하듯이 말이다.

우리가 삶을 살아가다보면 비행기 사고로 조난당하듯 예기치 않는 사고나 질병, 실직, 혹은 실연이나 실패 등을 경험할 때가 있다. 그리하여 끝없는 바다 한 가운데에 홀로 표류하고 있는 것처럼 앞이 캄캄하고 막막하여 누군가 구조의 손길을 내밀어준다면 혹은 몸을 띄울 만한 무엇인가가 보이기만 한다면 붙잡고 의지하고 싶을 때가 있다. 괴롭고 힘들지만 그대로 죽을 수 없기에 그대로 포기할 수 없기에 다시금 힘과 용기를 내서 새롭게 무엇인가를 시도해보고자 할 때가 바로 그 순간이다.

당시 필자는 데리고 있던 남동생을 음주운전 차량에 의해 잃었다. 아침 출근한다고 직장엘 갔는데 열시가 넘어서 회사 직원으로부터 사고 전화를 받게 되었다. 직원은 내가 너무 충격을 받을까봐 차마 동생이 죽었다고는 말은 못하고 좀 많이 다쳤다고만 했다. 그때 나는 손과 발이 떨리고 가슴이 두근거려서 앞이 캄캄하여 어떻게 해야 할지 몰라 허둥댔다. 결국 고향에 계신 어머니는 자식을 가슴에 묻어야 해서 몇 년 동안을 앓아 누었고, 나는 내가 데리고 있다 동생을 잃어서 어머니께나 형제들 볼 면목이 없어서 죄책감과 자책으로 심하게 가슴앓이를 해야 했다. 내가 잘못해서 동생을 떠나보낸 것 같아 그 충격과 상실감에 한동안 우울해 했다. 그렇지만 그대로 주저앉을 수 없기에 가슴 속에 얽혀 쌓여있는 한 같은 이야기들을 풀어내고 싶었다. 그때 한줄기 빛처럼 글쓰기를 시작했고 수필을 만났다.

2. 수필문학의 좌표에서 방향읽기

처음 글을 배우기 시작할 때가 그랬다. 글을 쓰고 싶은데 어떤 글을 어떻게 써야 할지를 몰라 막막했다. 가야할 길을 앞에 두고서 깜깜한 어둠 때문에 어디로 가야할 지를 몰라 헤매었다. 할 수 있는 것이라고는 길을 향해 가야겠다는 막연한 의욕만 앞섰을 뿐이다.

당시 습작생으로 모였던 우리들은 〈수필과 비평사〉의 회장이었던 고 라대곤 회장의 주선으로 고 정주환 교수를 소개 받아 〈군산문인의 방〉에서 〈서해문학〉이라는 문학단체로 수필공부를 시작했다. 그때 정교수님이 우리에게 2년 동안 수필을 지도해주셨다. 당시 나는 그분의 저서인 『現代隨筆 創作入門』을 교재처럼 공부했다. 그 책은 수업시간에 배우지 못했던 실제 창작방법을 매우 구체적이고 상세하게 가르쳐주는 지침서 역할을 했다. 마치 밤바다에서 만난 등대처럼, 교차로에서 만난 이정표처럼 문학이라는 좌표에서 수필의 의미와 수필 창작의 절차 내지는 과정을 예문을 들어 쉽게 이해하고 배울 수 있도록 쓰여 있어서 수필문학의 방향을 명확하게 제시해주는 지표가 되어주었다. 그것은 곧 글쓰기나 수필을 배우고자 하는 초심자들이 정석으로 배울 수 있는 교과서로서의 역할을 충분히 했고 나침반처럼 수필문학의 좌표에서 방향을 인도해주는 길잡이가 되었다.

3. 삶과 문학의 경계, 아포리즘의 다양한 시선

〈월간문학〉으로 등단한 고 정주환 교수는 중고교 교사를 거쳐 호

남대학교 교수를 역임 한 뒤, 명예교수로 한국문인협회 이사 및 감사, 국제펜클럽 한국본부 이사, 한국현대문예비평학회 이사, 한국수필가협회 이사 등을 역임 하였고 수필창작아카데미 소장과 광성문화원 강사, mbc아카데미 강사, (사)어린이문화진흥회 이사장과 〈수필과 비평사〉의 주간으로 헌신하다 〈대한문학〉 발행인이기도 했다.

저서로는 『길』,『아직도 못 다한 말』,『성경 에세이』,『논어 에세이』,『겨울로 꽃을 피우고』,『매화에 물을 주어라』등 약16권의 수필집과 『한문의 이해』,『문장 강론』,『현대수필창작입문』,『논술강좌』,『수필, 이렇게 쓴다』등 약 20여권의 논저 등을 발간할 정도로 오직 수필에 대한 열정과 애정으로 헌신하였으며, 그로인해 동포문학상과 한국수필문학상, 전북수필문학상, 고창문학상, 광주 문학상 등을 수상한 바 있다.

교수로서 학생들에게 학문을 가르치고, 저자로서 틈틈이 자신의 수필과 수필이론을 재정립하기 위해 늘 열린 사고와 깨어있는 의식으로 연구하고 집필하였다. 그 중 성경과 수필을 연계한 기독교적인 문학과 논어나 한문 같은 동양적인 유교적 선비사상을 혼재하여 문학성 있고 깊이 있는 예리한 필치를 가감 없이 표출한 점이 아주 탁월하다. 또한 삶과 문학의 경계에서 느껴지는 아포리즘의 다양한 시선들은 한 편의 짧은 글 속에서도 긴 여운이 마치 타종 후의 잔잔한 소리의 여운처럼 고개가 절로 끄덕여지는 감동과 심오한 철학이 배어 있다.

거기에 그치지 않고 많은 후학들을 양성하고 견인하였으며, 〈수필과 비평〉의 주간으로 〈대한문학〉의 발행인으로 수필에 대한 진취적이고 열정적인 애착으로 한국수필문학의 큰 산맥을 이루었던 것이다.

너무 열심히 살아오셔서인지 건강이 약해져 76세라는 좀 이른 연세로 소천하여 문학계의 안타까운 비보를 전했다.

꿈과 소망을 갖고 산다는 것

1. 꿈에 대한 갈망과 열정, 강한 집념과 끈기로 이루다

앙드레 말로는 '오랫동안 꿈을 그리는 사람은 마침내 그 꿈을 닮아간다'라고 말했으며, 괴테도 '꿈을 계속 간직하고 있으면 반드시 실현할 때가 온다'라고 비슷한 말을 하였다.

오늘 본 영화 〈더 컨덕터(Conductor), 2018〉의 주인공이 바로 그런 사람이다. 오로지 지휘자가 되고 싶은 소망 하나로 그 꿈을 품고 세상의 모든 편견과 차별과 비아냥거림을 당당한 모습으로 맞서는 불사조 같은 사람이다.

1920년대에 지휘자라고는 남성뿐이었던 세상에서 최고의 지휘자를 꿈꾸었던 '윌리 월터스'(크리스탄 드 브루인)는 공연 안내원으로 일하다 지휘자의 지휘하는 모습을 가까이에서 보고 싶은 마음에 맨 앞자리에 앉아 관람했다는 이유로 직장에서 해고된다. 윌리는 좌절하거나 실의에 빠지지 않고 이를 계기로 정식 음악수업을 받기 위해 자신의 꿈을 향해 과감하게 집을 뛰쳐나온다. 마치

『마당을 나온 암탉』에서 단 한 번만이라도 알을 품어 직접 병아리를 키울 수 있기를 소망하면서 스스로 '입싹'이란 이름을 짓고 마당을 뛰어나온 난종용 암탉처럼 말이다. 영화 〈빌리 엘리언트〉에서 발레리노가 되기 위해 런던에 있는 왕립 로얄발레스쿨에 들어가기 위해 광부의 아들 빌리가 가족의 반대에도 불구하고 탄광촌의 집에서 과감하게 나온 것처럼 말이다. 또한 영화 〈독수리 에디〉에서 스키 선수 '에디 에드워즈'나 열대지방의 자메이카 선수들이 동계올림픽 봅슬레이 종목에 출전하려는 〈쿨 러닝〉의 '데리스 배녹'의 도전처럼 윌리도 꿈에 대한 갈망과 열정, 강한 집념과 끈기로 시대의 편견과 차별을 극복해 나간다.

프라게르는 '한 가지 뜻을 가지고 그 길을 걸어라! 잘못도 있으리라. 그러나 다시 일어나서 앞으로 가라!'고 말했다. 꿈을 이루기 위한 과정과 그 도전에는 넘어야 할 산이 많기 마련이다. 윌리도 유일하게 믿고 의지했던 부모가 친부모가 아니며 키워준 대가로 돈을 요구하기도 하고 자신이 가장 소중하게 아꼈던 피아노를 불태워버리거나 여자라는 이유로 자신의 꿈이 평가절하 되고 한계의 벽이 되는 불우한 시대의 관습과 제도 속에 견뎌야 했으며, 심지어는 스승이라 믿었던 사람에게 성추행에 고소까지 당하기도 한다. 거기에 지지하고 응원해주어야 할 사랑하는 사람마저 자신의 그늘로서 외조와 현모양처이기만을 요구하는 보수적이고 전근대적인 사고의 남자이기에 갈등과 실연의 아픔을 겪어야 했다.

그렇지만 자신이 네덜란드 출신의 입양아이며 본명이 '안토니아 브리코'란 정체성을 확인하고도 굴하지 않고 여자는 절대로 지휘자가 될 수 없다고 비웃고 조롱하는 시대를 풍미하는 위인들에게 당찬 포부로 맞대응하며 꿋꿋하게 자신의 꿈과 소망을 과감하게 펼쳐나간다.

하늘은 스스로 돕는자를 돕기 마련이다. 자신이 정말 해보고 싶은 일이나 자신이 간절히 소망하는 꿈이라면 절대로 포기하지 말아야 함을 안토니아 브리코를 보고 새삼 깨닫게 된다.

안토니아가 성추행사건으로 고소당해서 음악학교를 그만두고 오갈 데 없어 힘들어 했지만 재즈카페 단장인 로빈의 도움으로 머물 곳을 마련하게 되고, 매몰차게 문전박대했던 카를 무크마저 그녀의 대범하고 비장한 각오와 적극적인 열정에 감탄하여 끝내 그녀를 제자로 받아들였던 것이다.

안토니아는 그 스승으로부터 지휘교수를 사사받아 튼튼한 실력을 쌓아간다. 다른 여성 지휘자가 비난과 야유를 받아 극도의 부담과 압박감에 심한 스트레스를 받았을 때도 그의 스승은 '다들 네가 실패하길 바라겠지만 표가 매진되었으니 환호를 받을 수도 있을' 거라며 그녀를 격려하고 용기를 주기도 하고, '한 명의 여자가 백 명의 남자들을 이끌어야 하기 때문에 지휘할 때는 폭군이 되어야 한다'며 지휘자로서 대범해야 함도 인지시킨다. 그래서인지 '안토니아 브리코, 베를린의 지휘자로 우뚝 서다.', '미국 여성이 베를린 교향악단을 이끌다.' 라며 신문사마다 그녀의 지휘를 호평하는 기사를 쏟아냈던 것이다.

남성 상위시대에 가난한 가정형편과 입양아로 가족의 반대와 사람들의 비난과 조롱, 비웃음에 굴하지 않고 관습화 된 시대의 차별과 비넌에 당당하게 맞서는 최초의 마에스트라 안토니아 브리코(Antonia Brico. 1902~1989)! '유리전상'[12]이라 불리는 차별과 세

12) 유리 천장(琉璃 天障, glass ceiling)은 충분한 능력을 갖춘 사람이 직장 내 성 차별이나 인종 차별 등의 이유로 고위직을 맡지 못하는 상황을 비유적으로 이르는 경제학 용어이다. 이 용어는 청각 장애, 실명 등의 장애가 있거나 나이가 많아 승진에서 차별받는 경우에도 사용된다.

상의 높은 편견의 벽에 부딪지만 그녀는 끝까지 포기하지 않고 자신의 꿈을 향해 전진해나가 당당하게 세계 최초의 여성 지휘자가 된 것이다.

그녀는 캘리포니아 버클리 음대에서 지휘를 전공한 최초의 여성으로 베를린음악 아카데미 지휘 마스터 클래스를 최초로 졸업한 미국인이며, 베를린 필하모닉 오케스트라 지휘자로 데뷔하였다. 뉴욕 필하모닉을 여성으로서 최초로 지휘하여 클래식 음악사에 '최초'라는 발자취를 남길 수 있었던 유일한 여성으로 오로지 그녀는 지휘자가 되고 싶은 꿈에 대한 갈망과 적극적인 열정, 그리고 꼭 꿈(지휘자)을 이루겠다는 확실한 목표의식과 강한 집념과 끈기가 있었기에 가능하지 않았나 싶다.

2. 꿈과 소망을 믿고 확고한 의지로 한계의 벽을 넘다

미국의 테오도어 멜피 감독의 〈히든 피겨스 Hidden Figures(2016)〉에서도 미국과 러시아의 치열한 우주 개발 경쟁으로 보이지 않는 전쟁이 벌어지고 있던 시절, 천부적인 두뇌와 천재적인 수학적 재능으로 NASA 최초의 우주궤도 비행 프로젝트에 선발된 캐서린 존슨과 그 팀의 리더이자 프로그래머 도로시 본, 그리고 흑인 여성 최초의 NASA 엔지니어를 꿈꾸는 메리 잭슨이 세상의 편견과 불가능한 사회적 불평등과 인종차별, 그리고 성차별에 우수한 실력으로 당당하게 맞서는 흑인여성이 나온다.

하지만, 흑인이라는 이유로 800m나 떨어진 유색인종 전용 화장실을 사용해야 하고, 여자라는 이유로 중요한 회의에 참석할 수도 없으며, 공용 커피포트조차 사용하지 못한다.

캐서린 존슨은 어려서부터 천부적인 수학 능력으로 흑인 여성 최초 웨스트버지니아 대학교 대학원에 입학하여 교사로 재직 중 NASA의 랭글리 연구 센터에서 '인간 컴퓨터'로 고용된다. 미국 최초로 우주 궤도 프로젝트를 완벽한 수학 계산과 공식을 찾아내는데 결정적인 역할을 하여 NASA의 역사를 바꾼 천재 수학자로 2015년 미국 오바마 대통령에게 대통령 자유 훈장을 수여받았다.

도로시 본도 육남매를 양육하며 교사로 재직 중 1940년대 NASA 랭글린 연구 센터에 입사해, NASA 최초의 흑인 여성으로 그룹의 책임자가 되었다. 부하 직원들의 열정적인 대변자로 흑인은 물론 백인 여성들의 지위 향상을 위해 노력한 그녀는 현재 IBM 컴퓨터 실행의 기반을 마련하는데 큰 공헌을 하였다. 그녀는 그 프로그래밍을 직접 배웠고 다른 흑인 여성들에게도 컴퓨터 프로그래머가 될 것을 적극 권장하였다.

메리 잭슨도 뛰어난 수학자로서 NASA에 입사하여 탁월한 엔지니어링 기술을 인정받아 엔지니어가 되기 위한 공부를 시작한다. 하지만 당시 NASA에서는 엔지니어가 되기 위한 필수 조건으로 백인들만 입학 가능한 고등학교 수업을 이수해야만 한다. 흑인에다 그것도 여성이 엔지니어가 된다는 것은 상상할 수도 없었으나 강인한 의지와 끈기를 가진 그녀는 고등학교 입학 허가를 법원에 청원하여 흑인 최초의 백인 전문학교 입학생이자 NASA 최초의 흑인 여성 엔지니어로 당당하게 성공하여 새로운 역사를 만들어 냈다.

영화 포스터에 새겨진 문구처럼 천재성에는 인종도 없고, 강인한 의지에는 남녀도 불문하며, 도전과 용기에는 누구나 한계가 없는 것이다

버락 오바마처럼 흑인이 대통령을 역임 하기도 했지만 당시 미국은 백인 남성이 사회와 국가의 요직을 맡아 주도하던 시대에 〈히든 피겨스〉의 여주인공들은 인종차별과 성차별의 높은 장벽을 멋진 실력으로 유쾌하고 통쾌하게 무너뜨렸던 것이다. 그래서인지 〈히든 피겨스〉가 1억 4,000만 불의 흥행 수익을 기록하지 않았을까 하는 생각이 든다.

현재는 여성 대통령에 여성총리, 여군사령관, 여자 목사, 여자 파일럿, 여자감독, 여자카레이서 등 각종 분야에서 여성들이 대거 진출하고 있다.

하지만 우리사회에 은연중에 행해지고 있는 성차별이나 인종차별, 장애인차별, 외모로 인한 차별과 무의식적인 편견은 아직도 우리 사회의 저변에 의식의 변화와 삶의 문제해결을 요구하고 있다.

인생의 변화는 도전을 시도할 때 시작된다. 진심을 다해 자신의 소중한 꿈과 소망을 믿고 자신감 있게 인내와 열정을 가지고 나아가야 한다. 비록 고난과 시련으로 우회하거나 지연해야 하는 현실의 벽을 만나더라도 꿈을 이루고 싶은 확고한 의지만 있다면 그 현실적 한계의 벽은 충분히 맞서서 뛰어넘을 수 있다. 그때 꿈은 이루어진다. 자신이 이루고 싶은 꿈과 소망을 가지고 있다면 계획을 세우고 하나하나 실천에 옮겨서 꿋꿋하게 그 꿈을 키워 나아가보자. 그런 아름다운 사람들이 있어 세상은 미래지향적으로 조금씩 발전해나가고 있는 것이다.

군산의 봄은 언제나 올까?

3월인데도 군산에 봄은 올 기색이 보이지 않는다. 꽃샘추위 때문이기도 하지만 지난 달 내려진 한국GM 군산공장 폐쇄 결정으로 군산 시민들의 가슴은 얼어붙었다. 지난해에 현대중공업 군산조선소 폐쇄에 이어 한국GM 군산공장까지 폐쇄 결정이 내려지면서 군산경제의 체감온도는 영하에 가깝다. 가는 곳마다 거리에는 '한국GM 군산공장 폐쇄반대'에 대한 한국GM 근로자들의 절박한 절규와 협력업체들의 애절한 호소가 플래카드로 걸려 있었다.

더욱이 지난해 현대중공업 군산조선소 폐쇄로 약 오천여 명의 근로자들이 실직한데다가 이번 한국GM공장폐쇄로 약 만 삼천여 명이 실직 위기에 처해 근로자와 협력업체 및 그 가족들까지 포함하면 약 칠만 여명의 생계가 위협받게 된 것이다. 그래서인지 작년부터 오식도와 외항 및 비응도 일대의 공장과 상가와 원룸들은 문을 닫아 텅텅 비어버렸고, 썰렁하니 휑한 겨울바람만이 감돌았다. 더욱이 롯데몰이 개점을 앞두고 있어서 시내 상가들마저도 임대로 내놓거나 폐업을 하는 가게들이 늘어나서 군산의 경제는 벼랑 끝

낭떠러지에 내몰려 있다. 그나마 그들과 관련이 없는 몇몇 기업들과 정부나 지자체에서 지원받아 경영하는 사업들만이 군산의 온기를 전하고 있을 뿐이다.

이렇게 냉혹한 군산의 경제를 생각해서였는지 얼마 전에 TV에서 본 〈아버지의 초상〉이라는 영화가 생각났다. 그 영화는 회사의 부당한 구조조정으로 실직한 50대 '티에리'가 고용센터를 통해 직업훈련과정을 마치고 어렵게 재취업하기까지의 일련의 과정과 취직 후 직장에서 겪게 되는 인간적인 고뇌가 가장으로서의 삶의 무게가 함께 얹어지면서 도덕적·윤리적 딜레마와 마주한다는 이야기였다.

고용센터에서 직업훈련을 마친 티에리는 재취업을 하기 위해 여기저기 이력서를 내보았지만 그쪽 분야의 경력부족으로 취업을 못하게 되자 담당자와 상담을 한다. 하지만 오히려 다른 직업훈련과정만을 권유받거나 이력서 작성에 기본이 안됐음을 지적하고 모의면접 후에도 젊은 훈련생들에게 잘못된 점들을 하나하나 지적하게 하여 수치심과 모멸감을 준다. 즉 한 인간으로서의 자존심이나 인격적인 대우 같은 배려 차원의 설명도 없이 오직 구직자로서 갖추어야 할 서류상 서식작성법이나 절차, 용모와 태도 및 자세를 교정해야 함을 주먹구구식으로 지적하여 자신감만 상실하게 한다.

전직 동료들은 자신들을 해고한 고용주와 싸우기 위해 노동조합에 가입하여 함께 뜻을 모우자고 설득하지만 2년 가까이 취직을 못해 가족들의 생활비를 당장 벌어야 한 티에리는 그 뜻에 동조하지 못한다. 할 수 없이 뇌성마비인 아들의 상급학교 진학생활비를 마련하기 위해 대출을 받으려고 했지만 실직자라서 대출이 안 돼 집을 팔려고 내놓는다. 하지만 집을 사려고 하는 사람마저 천유로

나 깎으며 싸게만 사려고 해서 집마저도 팔지도 못한다.

이렇게 되다보니 경제적인 어려움은 심화되고 가장으로서 심리적인 불안과 압박감에 예민하고 무표정하기만 한다.

얼마 후, 티에리는 간신히 대형마트에 보안요원으로 취직이 되어 고객과 직원 등 모든 이들을 CCTV로 감시하는 일을 하게 된다. 어렵게 취직이 되었기에 자신의 직무에 충실하려고 노력한다. 처음에 적발된 대상은 고기를 훔친 노인으로 15유로도 없고 대신 고기값을 지불해줄 가족도 없어 용서해달라고 애원하지만 어쩔 수 없이 경찰을 부르게 된다. 두 번째는 할인쿠폰을 빼돌리다 20년간 성실히 근무했던 여직원이 들켰다. 잘못했다며 한번만 봐달라고 점장에게 부닥을 하지만 신뢰를 잃은 사람과 같이 일을 할 수 없다며 해고한다. 얼마 후 그 여직원이 자살했다는 소식이 전해지고 점장은 그녀의 아들이 마약중독인데다가 경제적으로 힘들어서 자살했을 것이라고 말한다. 그래도 티에리는 미안한 마음에 장례식장에 다녀오고 다시 회사에 출근하여 근무한다. 그런데 이번에는 고객의 적립하지 않는 포인트를 몰래 자기 포인트에 적립하다 한 여직원이 들켰다. '이 일을 상부에 보고하지 않을 거죠'라며 그녀 역시 봐달라고 사정을 한다. 티에리 역시 그동안 취직이 안 돼 얼마나 경제적으로 궁핍하고 심리적으로 애태웠는지 누구보다 그 심정을 잘 알고 있지 않던가. 가족들을 생각하면 직무이기에 그를 적발해내야 하지만 같이 한솥밥을 먹는 직원을 실업자로 만들어야 한다는 괴로움에 그는 과감하게 마트 유니폼을 벗어던지고 나오고 만다. 즉 자신이 직장에 계속 근무를 하기 위해서는 돈이 없어 절도를 할 수밖에 없는 가난한 고객이나 같은 직원들까지도 냉정하게 원칙과 규정만을 내세워 적발해내야 하는 것이다.

또한 안정적인 직장인으로 살아가기 위해서는 인간적인 이해나 배려, 감정도 없이 오직 위에서 시키는 대로 기업의 이윤추구와 상품의 효용적 가치를 먼저 내세워야 하는 것이다. 그야말로 적자생존, 약육강식, 이것이 곧 시장경제 흐름을 바탕으로 한 현대 자본주의 민낯이며 냉혹한 삶의 현실이고 직장인들의 서글픈 자화상이 아니고 무엇이겠는가. 그 직장인들 가운데 가정의 생활비와 자녀들의 교육비를 책임져야 하는 오육십 대 가장으로서의 삶의 무게는 더욱 무겁고 위태로울 수밖에 없다. 그나마 공무원이나 정규직으로 퇴직을 하는 사람들은 퇴직금과 위로금 및 연금을 기대해볼 수 있지만 구조조정을 당한 비정규직 근로자나 계약만료의 계약직들은 실업자로서 생존경쟁의 구직활동을 하거나 대출받아 자영업을 하거나 그럴 형편도 안 되면 건설노동현장의 일용직이나 아르바이트, 대체근무 같은 단기근로자가 돼야 하는 것이다.

영화 〈신데렐라 맨〉에서 전설적인 복서인 제임스 지미 브래독은 미국의 암흑기인 경제 대공황기 때 헝그리 복서로 가족의 생계를 위해 항만하역 노동자 일에서부터 굶주림과 구걸까지 해야 했고, 영화 〈로마의 휴일〉을 쓴 할리우드 최고의 천재 작가 달튼 트럼보는 냉전 시대 정치적 스캔들에 휘말려 영화계 블랙리스트에 올라 동료와 가족들의 생계를 위해 11개의 가명을 쓰며 작품을 발표해야 했다. 또한 우리나라의 기자였다가 소설가로 전향한 김훈도『밥벌이의 지겨움』을 통해 작가이지만 가장으로서 가족들의 생계를 책임져야 하는 삶의 애환과 고뇌를 그린 바 있고, 영화 〈카트〉에서도 신자유주의로 인한 노동의 유연화로 비정규직 근로자들(계산원들)이 겪는 인간탄압과 착취와 대량해고로 인한 생존과 실존의 경계에서 리얼리즘의 정점으로 치닫는 한국사회의 참혹한 노동 현실의 문제를 사실적으로 그린 바 있다. 즉 회사는 정규직 전환의 법적 압력을 피하고 인건비를 줄이기 위해 직원을 직접 고용이 아닌 용역업체를 통해 직원을 채용하는 아웃소싱 방법을 채택하여 한솥밥을 먹고 근무했던 동료직원들을 불신과 이간질로 이산 하게 하고 직원들 가족들의 생계는 물론 가정의 위기와 붕괴를 야기시켰던 것이다.

이처럼 부양가족이 있는 중장년층들은 자녀들의 교육비와 가족들의 생계를 책임지기 위해 가혹하리만치 불평등한 사회경제구조와 냉혹한 현실 속에서 때론 부당한 대우를 받아가며 고군분투한다. 그런 아버지(어머니)들이 젊고 유능한 후배와 자식 같은 사람들에게 세대 간의 생존경쟁을 하며 하루하루 견디고 버텨내기 위해 처절한 몸부림을 치는 삶의 모습이 너무도 처절하고 안쓰러워 눈물겹기만 하다. 그것이 곧 요즘 우리 군산, 우리나라의 사회현실임을 직시한다.

꽃샘추위 속에서도 거리의 가로수에는 벚꽃을 피우려고 꽃망울이 맺혀있다. 최근 군산은 작년 현대중공업 폐쇄와 GM공장 폐쇄 결정으로 고용위기지역으로 지정되었다. 거기에 미투 운동인 고은 시인의 성추문 파문으로 문화예술계에서지원금을 받아 놓고도 그 사업을 실행하지 못하는 안타까운 처지에 이른 그야말로 풍전등화 신세가 되었다.

자영업자들이 임대와 폐업으로 내몰려 빈 상가들이 넘쳐나고 실업자들로 사면초가에 빠진 군산의 경제는 언제나 봄이 오려는지 멀고 아득하게만 느껴진다.

냉정과 열정 사이, 혹은 이정표나 신호등 같은

우연히 TV를 켰는데 개그맨 윤택이 〈TV는 사랑을 싣고〉라는 프로에서 중고교 시절 검도부 선생님을 찾는 내용이 방송되고 있었다. 그 시절엔 학교 공부와 운동을 병행한다는 것이 너무도 힘들고 또 철이 안 들어서 가출도 하고 골목을 누비며 돈도 뜯다 경찰서에도 가게 되었다. 그때, 그 선생님이 제일 먼저 달려와서 걱정해주고 이끌어주려고 애를 많이 써주셨는데 그런 선생님의 노력에 부응하지 못하고 결국 고교 일학년 때 자퇴를 해서 선생님을 많이 실망시켰다고 한다. 그 후 너무도 면목이 없어 선생님을 찾아뵐 용기를 내지 못한 채 30년이 흘러버렸는데 이제라도 선생님을 만나 용서를 빌고 죄송함과 감사한 마음을 전하며 선생님을 초대하여 따뜻한 밥 한 그릇 대접해드리고 싶다고 했다.

히브리어의 '아버지'라는 말에는 '교사'라는 뜻이 있어서인지 가톨릭 신부를 '파더'라고 부른다고 한다. 그만큼 유대 사회에서는 아버지보다는 지식을 전수해주는 선생님을 더 중요하게 생각하기 때문이라고 한다.

『아라비안나이트』에도 '어렸을 때의 스승은 그 사람의 운명을 좌우'한다고 할 만큼 아동 교육의 환경이 그 아동의 미래와 인생을 좌우할 정도로 중요하다는 의미이다.

헬렌켈러는 듣지도, 보지도, 말하지도 못해 지도하러 왔던 가정교사들이 모두 놀라서 다 떠나버리곤 했는데 설리번 선생만큼은 헬렌을 보자마자 너무도 가슴이 먹먹하여 꼭 안아주었다고 한다. 그 이후 설리번 선생의 진실한 마음과 따뜻한 사랑을 느낀 헬렌 켈러도 마음을 열고 선생님이 가르쳐준 수화를 배우고 말과 글도 배울 수 있었다고 한다. 어느 날 헬렌이 '사랑'이라는 단어를 배우게 되었을 때, 설리번 선생이 "사랑이 무엇이냐"라고 물어보니 헬렌은 "선생님이 오시던 날 나를 꼭 안아주신 것"이라고 대답했다. 어느 누구도 관심을 갖지 않았던 헬렌을 설리번 선생만큼은 꼭 안아줌으로써 짐승처럼 거칠고 예민했던 마음이 풀어지고 부드러워졌던 것이다. 사실 설리번 선생도 자신이 심각한 망막 질환 때문에 실명 직전까지 갔을 정도로 큰 아픔과 고통의 과정을 겪었던 사람이어서 헬렌의 심정과 고통을 잘 이해할 수 있었고 불쌍한 헬렌을 진심으로 사랑을 다해 안아주고 가르칠 수 있었다고 한다.

천재적인 미술가인 미켈란젤로는 타고난 예술적 재능을 갖고 있어서 그를 가르쳤던 스승도 질투할 정도였다. 그는 특히 물체와 사람을 관찰하는 능력과 집중력이 뛰어나서 미술뿐 아니라 조각과 인체해부학 분야에서도 뛰어난 재능을 보일만큼 다재다능했다. 그가 그의 스승인 부톨도 지오바니의 문하생이 되기 위해 찾아갔을 때 그의 스승은 그를 데리고 술집 입구에 있는 조각과 거대한 성당

안에 있는 천사의 조각상을 보여주며 다음과 같이 말했다고 한다.

'위대한 조각가가 되기 위해서는 재능과 기술을 닦은 것도 중요하지만 그 기술로써 누구를(무엇을) 위해 쓰이기를 원하는지 잘 결정해야 한다.'라고 말이다.

스승은 제자가 옳은 길을 갈 수 있도록 늘 관심을 가지고 잘 살펴서 길을 안내해주고 방향을 제시해주는 이정표나 신호등 같은 존재가 되어야 한다. 나에게도 삶의 길목마다 이정표와 신호등이 되어주셨던 선생님들이 계신다.

필자가 초등학교 5학년 때 소꿉친구의 전도로 시골교회를 다니기 시작하였다. 그해 여름성경학교 때 글짓기를 했는데 필자가 1등을 하게 되었다. 아마 나의 어머니가 불교 신자라서 교회에 다니는 것을 반대했기에 나에게 용기를 주고 격려해주고 싶었던 모양이다. 그때 교회 선생님은 상을 주면서 "어쩜 이렇게 작가처럼 글을 잘 쓰냐" 며 칭찬을 해주고 예뻐해 주었다. 그 뒤부터 교회 가는 것이 괜히 좋아졌고 교회 선생님이 들려주는 성경이야기와 설교말씀이 참 감동적이어서 열심히 교회를 다니기 시작했다. 글도 더욱 잘 써보려고 날마다 열심히 일기도 썼다. 그 후부터 글에 관심을 갖게 되었고 국어과목을 좋아하게 되었다. 중학교 때는 책을 좋아하여 자주 대출하여 읽다보니 독서왕과 독후감으로 자주 상을 받게 되었고, 고등학교 때에도 글짓기대회나 독후감쓰기대회에서 줄곧 상을 받자 국어선생님께서 "글쓰기를 잘하니 나중에 작가가 되면 좋은 글을 쓸 것"이라고 칭찬을 해주곤 해서 작가가 되고 싶은 꿈을 가지게 되었다. 결혼 후 아이들도 크고 작가가 되고 싶은 꿈을 펼쳐보고 싶어 백일장대회에 나가 입상을 하게 됐고 문단에도 등단을 하게 되었다. 문학동아리 모임에서 문학 강의를 들었을 때 지도교수님께서 나보고 "공부를 계속 했더라면 훌륭한 학자가 되었을 것 같다"라는 말을 했다. 나는 그 말을 기억하여 마흔두 살의 나이로 대학원에 진학하여 공부를 하였고 학자는 아니지만 초중등부 논술을 지도하며 책도 세 권이나 출간하게 되었다. 앞으로도 나는 신앙생활을 계속할 것이며, 글 또한 계속 쓸 것이다.

한편, 한 자매가 초등학교 고학년 때였다. 나란히 주일학교를 잘 다녔는데 예배시간에 둘이서 무슨 말을 주고받다가 선생님께 떠든다고 심한 꾸지람과 상처가 되는 말을 들었던 모양이다. 그 뒤부터 교회를 디니지 않는다고 한다. 들은 말은 평생을 간다고 한다. 아무리 어린 학생이라도 그 아이들에게 상처가 되는 말은 하지 말아야 한다. 특히나 가르치는 위치에 있는 사람은 말 한 마디라도 신중하게 생각해서 말할 필요가 있다. 그 말은 배우는 학생의 인생을 좌우할 정도로 중요한 운명의 뿌리를 내릴 수 있기 때문이다.

구스 반 산트 감독의 영화 〈굿 윌 헌팅〉(1997년)에서 윌은 빈민가에서 자라 정규교육도 받지 못했고 어렸을 적에 아동학대를 받고 성장하여 세상과 사람을 신뢰하지 못한다. 하지만 책을 좋아하여 역사, 법학, 그림, 수학 등 다방면에 해박한 지식을 가진 천재다. 그중 윌의 수학적 천재성을 발견한 램보 교수는 어떻게 해서든지 그를 도와주려고 상담을 받게 하고 직장을 소개해주지만 윌은 그런 관심과 호의를 일부러 거부하고 회피한다. 윌의 공격적이고 비협조적인 태도에 상담자들은 미치광이라고 포기하고 떠나지만 램보 교수만은 그런 윌을 포기하지 않고 대학동기였던 심리학 교수인 숀에게 소개해준다. 세상과 사람에 대한 불신과 모든 것을 다 아는 듯한 오만하고 문제아 같은 윌의 태도에 젊었을 적의 자신의 모습을 본 것처럼 윌도 마음에 상처가 깊은 것을 알고 윌의 마음을 열기 위해 끝까지 최선을 다한다. 어렸을 적에 의붓아버지로부터 학대와 상처를 받고 애정결핍으로 사람들과의 관계 맺기에 서툴고 어려움을 겪은 윌은 스카일라를 사랑하지만 그녀도 언젠가는 자신을 떠날 것을 알고 먼저 헤어지자고 말한다. 자기 안의 세계에 자신을 가두며 고달프고 외로워하는 윌을 숀은 윌이 처한 자신의 모습을 돌아보도록 자신의 삶과 아내에 대한 사랑이야기를 들려준다. 숀이 자신을 진심으로 대해주는 것을 믿고 따뜻한 위로와 애정 어린 충고를 받아들이며 윌은 세상을 향해 마음의 빗장을 열고 사랑하는 스카일라를 만나러 길을 떠난다. 우리가 인생을 살아가면서 자신을 믿어주고 진심 어린 조언과 충고를 해주며 정의로운 삶을 살아가도록 견인해주는 참 좋은 스승과 멘토를 만난다는 것은 큰 축복이요 행복이다. 알프레드 마샬의 말처럼 훌륭한 선생은 냉철한 머리와 따뜻한 심장을 가져야 한다.

크리스토프 바라티에 감독의 영화 〈코러스〉(2004년)에서도 램보나 숀 교수 같은 선생이 나온다. 2차 세계대전 직후 프랑스 마르세이유의 작은 기숙사 학교에 임시직으로 대머리 교사인 클레망 마티유가 부임해온다. 권위주의적이고 엄한 체벌과 규칙, 강압적인 교육을 실시하는 교장의 비인간성 속에서도 전쟁고아나 결손가정의 아동, 혹은 부모로부터 상처받은 불우한 아동들의 거칠고 짓궂은 장난도 따뜻한 마음으로 품어주고 감싸 안아주는 클레망 마티유 선생! 전쟁고아인 페피노는 아빠가 죽은 줄도 모르고 면회가 되는 토요일마다 교문 앞에서 하염없이 아빠를 기다리고, 천상의 목소리를 가진 모향쥬는 아빠의 부재로 엄마의 사랑과 관심을 받고 싶어 반항을 하고 문제를 일으킨다. 작곡은 두 번 다시 않기로 마음먹었던 마티유 선생이지만 그 모든 것들이 어른들의 무관심과 애정결핍임을 알고 소외되고 가엾은 그들에게 외로움과 아픔을 잊도록 따뜻한 사랑과 헌신으로 합창을 지도하며 그들에게 할 수 있다는 자신감을 심어준다. 학교에서 합창을 한다는 소문이 나서 기부금 장학사를 위한 합창공연도 하게 되어 대성공을 하게 되지만 그 공적은 교장에게 돌아간다. 마티유는 교장이 학교를 비운 사이 아이들에게 밖의 세상을 보여주고 싶어 모처럼 야외수업을 지도하다 문제아이며 비행소년인 몽당이 학교에 방화를 하는 바람에 합창은 금지되고 결국 학교에서 쫓겨나게 되지만 학생들은 모두 선생님을 응원하게 된다. 60여년 후, 천상의 목소리의 재능을 가졌던 모항주는 성대한 클래식 공연장에서 수천의 청중을 사로잡는 교향악단의 지휘자가 되었고 페피노는 아빠처럼 대신 사랑해준 마티유 선생을 기억하며 오래된 낡은 일기장을 펼치며 반추하게 된다. 그래서 P.윌리의 『독사들의 세대』에 나오는 말처럼 한 명의 훌륭한 교사는, 때로는 타락자를 건실한 시민으로 바꿀 수 있다고 했나보다.

영화작가 톰 슐만의 자전적인 경험을 바탕으로 하고 있는 〈죽은 시인의 사회〉(1989)에서도 앞선 숀 교수나 마티유 같은 존 키팅 선생이 나온다. '전통'과, '명예'와 '훈육(규율)'과 '탁월함'을 표어로 내세운 개신교계 사립학교 웰튼 아카데미에 학력과 경력이 높고 실력 또한 우수한 이 학교 졸업생 존 키팅(로빈 윌리엄스 분)이 영문학 담당 교사로 부임해 온다. 그는 첫 수업부터 교과서를 찢어버리게 하거나 자신이 좋아하는 시를 발표하게 하여 축적된 내적 열망들을 표출하게 하고, 책상 위에 올라가서 다양한 시선으로 세상을 좀 더 폭넓고 멀리 바라보게 하며, 자신이 좋아하는 문구를 외치면서 뛰어내리게도 하고, 문학시간에 운동장에 가서 공을 차며, 스트레스를 해소하고 자신의 마음가짐을 다지게도 한다. 또한 그는 강압적이고 권위주의적인 학교분위기와 획일화 되고 정형화된 학교생활에 익숙한 학생들에게 '카르페 디엠(Carpe diem)'을 외치며 현재를 즐기면서 자신의 꿈과 이상을 실현하고 자신의 삶을 개척해갈 것을 주문한다. 그렇듯 매우 독특하고 파격적인 교육방식과 독창적인 교육관은 학생들의 의식과 사고를 흔들어 깨운다. 하지만 그의 제자들로 재결성된 '죽은 시인의 사회'라는 문학동아리가 학교에 알려지게 되고, 그 멤버 중 닐 페리가 소원하던〈한 여름 밤의 꿈〉의 '퍽' 역을 따내 멋지게 연극을 했음에도 불구하고 가부장적이고 강압적인 그의 아버지의 태도에 자신의 꿈이 좌절되자 자살을 함으로써 존 키팅 선생을 연루시켜 학교에서 해고해버린다. 존 키팅이 사물함의 물건을 챙겨 학교를 떠나려할 때 제자인 토드 앤더슨이 책상위로 올라가 월트 휘트먼 시의 한 구절이자 평소 제자들이 존 키팅을 부르는 별명인 "오! 캡틴, 마이 캡틴!(Oh captain! My captain!)"을 외치자 그 모습에 자극을 받은 반 학생들도 하나 둘씩 책상 위로 올라가 "오! 캡틴, 마이 캡틴!(Oh captain! My captain!)"을 다 같이 외치며 떠나는 존 키팅을 향한 마지막 인사로 경의를 표하던 그 가슴 먹먹한 마지막 장면은 오래도록 나의 뇌리에 남았다.

고아원을 운영한 교육학의 아버지인 페스탈로치는 어린아이들이 유리조각을 밟으면 다칠까봐 거리를 다닐 때 유리조각이 눈에 띄면 주머니에 주어왔다고 한다.

참된 스승이란 냉철한 지식과 순수한 열정을 가지고, 진심어린 태도로 학생들을 대하고 모범이 될 정성어린 말과 행동을 손수 보여주는 사람이다. 그래야 스승의 진심을 믿고 제자는 따르고 존경하며 청출어람이라는 말처럼 스승 못지 않는 훌륭한 제자가 되도록 최선을 다하며 삶을 살 것이다.

스승의 그림자는 밟지도 않는다는데 요즘은 세상이 너무나 험해져서인지 '군사부일체'라는 말이 무색하게 학생이 잘못하여 선생님이 나무랐다고 학생이 선생님에게 폭력을 휘두르기도 하고, 학부모가 수업하고 있는 선생님에게 폭언과 폭력을 서슴없이 휘둘러 충격을 받은 선생님이 병원에 입원을 하거나 경찰서를 들락거리며 법의 심판을 받는 현상들이 비일비재하게 일어나고 있다. 선생님들 또한 교사나 교수로서 학생들을 제대로 가르치지 못하거나 제자들을 성추행·성폭행을 하기도 하고 학부모로부터 청탁과 금품을 받거나 불우한 제자들을 차별하는 등 선생님으로서 존경받을 만한 일을 하지 못하거나 처신을 제대로 못해서 스스로 교권을 추락시키기도 한다. 이러다보니 스승에 대한 존경심은 갈수록 희박해져가고 심지어는 스승의 날까지 없애자는 여론까지 일고 있어 제자가 스승을 찾는 것마저 부담스럽게 생각한다고 하니 격세지감을 느끼지 않을 수 없다.

개그맨 윤택과 그의 스승이 30여년 만에 재회하는 가슴 뭉클한 장면을 시청하나보니 그동안 필자를 이끌어주셨던 많은 선생님들이 고맙고 감사한 마음에 지금은 그 분들이 어떻게 지내시는지 안부가 궁금해진다. 먹고 사는 일에 바빠 연락 한번 못 드리고 살아온 것이 너무 죄송하고 송구한 마음이 든다.

믿음과 신념을 가지고 산다는 것

1. 가짜가 벌인 세상

폭염과 열대야가 한 달 넘게 이어져 심신이 피로하다. 그런데 인터넷포털 사이트의 실시간 검색어 1위를 오르내리며 네티즌들의 분노를 사고 있는 뉴스가 눈까지 피로하게 하고 있다. 바로 몇몇 종교인들의 믿을 수 없는 불편한 진실과 그 행태 때문이다.

얼마 전, 17년간 키운 아들이 목사의 아들이었다며 1인 시위를 벌인 한 가장의 사연과 여성 신도들을 상습적으로 성폭행한 혐의로 모 교회 목사가 구속기소 되었다는 뉴스가 나왔었는데 오늘은 이단으로 분류된 사이비 교주가 외국의 피지섬으로 성도들 400여 명을 이주시켜 외부와 차단된 농장에서 강제노역을 시키거나 타작이라 하여 가족끼리 서로 폭행하게 했다는 뉴스가 도배를 하다시피 한다. 너무도 믿을 수 없는 이야기라서 마치 영화나 소설 속의 이야기인 것만 같다.

하긴 언제가 보았던 영화〈스포트라이트〉에서도 가톨릭교회 성직자 90여명이 30년 동안 불우한 아동 청소년 수백 명을 지속적으로 성추행과 성폭행한 사건을 미국 일간지인 보스턴 글로브의 '스포트라이트'팀의 기자들이 폭로한 실화도 있지 않던가. 이것은 실제로 얼마 전 미국 가톨릭교회에서 300여명의 성직자들이 수십 년 동안 상습적으로 1,000여명의 불우한 아동들을 성적으로 학대해왔던 범죄사건이었음이 드러나 미국 사회뿐만 아니라 전 세계에 큰 충격을 주기도 했다. 그 피해자 대부분은 성인들이 되었어도 어린 시절의 트라우마로 알콜중독이나 마약으로 힘겹게 삶을 살아가거나 자살한 사람들도 많았다. 이렇게 피해가 컸던 이유는 그동안 가톨릭교회 지도부들이 그런 범죄들을 조직적으로 숨기고 감춰왔기 때문이다. 그래서인지 진정한 영적 지도자로서의 성직자들이 그립기만 하다.

2. 진정한 영적 지도자의 삶의 모습과 사랑

작년(2017년) 가을에 개봉한 김동원 감독의 〈내 친구 정일우〉라는 다큐멘터리영화를 본 적 있다. 미국 일리노이주에서 태어난 정일우 신부는 미국 세인트 루이스 대학교에서 철학과 신학을 공부한 후 사제서품을 받고 한국에 돌아와서 철학과 영성신학을 가르치다 1973년 11월 복음을 입으로만 믿고 있다는 강한 의심이 들어 청계천 판자촌으로 들어갔다. 그곳에서 노반(道伴) 세성구들 반나 판자촌 생활을 하며 철거민 집단이주 마을들을 건립하였고, 강제철거에 맞서 도시 빈민운동을 함께 하였다. 예수님처럼 가난하고 힘이 없어 소외된 사회적 약자와 이웃과 친구가 되고 싶어 정의

할 수 있는 모든 관념과 문화와 종교, 의식과 공간의 경계를 초월하여 그들의 삶과 일상 속으로 들어가 그들과 함께 울고 웃으며 정을 나누고 사랑을 실천했던 진실한 종교인인 정일우 신부, 낯선 이방인이었지만 한국인보다 더 한국인 같았던 사람, 복음자리 딸기잼으로 철거민들을 지원했던 민중의 벗, 평생을 빈민, 부랑아와 걸인들과 함께 생활했던 '판자촌의 예수'로 지극히 낮고 낮은 자세로 예수님의 삶과 사랑을 몸소 실천했던 파란 눈의 신부, 그의 진실한 삶의 모습이 떠올랐다.

롤랑 조페 감독의 영화 〈미션〉(1986)에서 가브리엘 신부 일행도 정일우 신부와 같은 신앙심과 신념을 지녔다. 그들은 1750년, 남미의 오지인 신비로운 폭포 절벽 꼭대기에 살고 있는 원주민 과라니족의 마을을 찾아가 그들의 삶과 생활을 이해하고 교감하며 함께 살아가는데 성공한다. 신부 일행은 그곳에 교회를 세우고 원주민들에게 선교활동을 하고 일반 교육도 시키고 공동체 생활로 농사짓는 법을 가르쳐서 오지마을의 황무지를 개간하고 경작하여 풍요롭게 살기 좋은 낙원으로 만든다. 가브리엘 신부는 그곳에 악랄하기로 유명한 노예상 '멘도자'가 동생과 아내의 불륜현장을 목격한 후 우발적으로 자신의 동생을 살해하여 죄책감과 깊은 절망에 빠져있는 것을 보고 그에게 찾아가 원주민들의 선교활동을 권면한다. 멘도자는 그동안 자신이 노예로 사고 팔았던 과라니족의 순수한 모습에 진심으로 참회하고 헌신봉사하면서 안수를 받고 선교활동을 하면서 신부의 길을 걷게 된다. 원주민들과의 평화롭던 낙원에서의 생활도 잠시, 스페인과 포르투칼의 영토분쟁으로 과라니족 마을이 포르투갈 영토로 편입됨에 따라 원주민들의 삶이 위협받게 된다. 교회와 마을을 지키기 위해 무력으로 맞서야 한다는 멘도자와 비폭력의 원칙을 지키려는 가브리엘 신부는 각자의 방식을 선택하여 침입자들과 맨몸으로 맞선다. 교회와 마을은 불타고 마을 사람들과 신부들도 다 죽고 어린 아이들 몇 명만이 살아남아서 신부들의 가르침과 그 부족의 문화와 전통의 맥을 이을 것이라는 긴 여운을 남기고 영화는 막을 올린다.

그동안 미국이나 영국, 일본 등 세계열강들이 이권침탈로 토착민들을 몰아내거나 식민지화하기 위해 힘없는 민족들에게 자행하는 강국의 무차별적인 학살과 인간탄압과 폭력과 착취, 그 무자비하고 부조리한 과정에서 빚어지는 약소국가와 식민지인들의 삶의 애환과 서러움과 아픔과 슬픔의 그늘이 얼마나 깊었겠는가. 그들과 동고동락하며 삶의 희로애락을 함께 나누는 선교사들의 지치지 않는 열정과 사랑과 헌신, 경외감까지 느껴지는 비폭력의 모습이 너무도 거룩하여 가슴을 먹먹하게 했던 좋은 영화도 있다.

아프리카 오지 수단에 가서 자신의 모든 것을 헌신하며 '수단의 슈바이처' 로 불려진 영화 〈울지마 톤즈〉(2010년)의 주인공인 고 이태석 신부나 꽃다운 20대의 나이에 간호사로 낯선 이국땅인 우리나라의 소록도에서 43년간이나 한센병 환자들을 돌본 '소록도의 마더 테레사' 로 불려진 영화〈마리안느와 마가렛〉(2017년)의 주인공인 마리안느와 마가렛의 헌신과 봉사는 정말 눈물겨울 정도로 감동적이다.

정말 그들은 인종과 국적과 나이나 성별, 빈부의 차이를 초월하여 사람이면 누구나 있는 그대로의 인격을 가진 한 개인으로 대했고 예수님의 사랑과 삶을 몸소 실천으로 보여줌으로써 신앙인으로서 표본이 되었고 성직자로서의 진실한 삶의 모습과 사명을 잘 감당했던 사람들이다.

3. 진짜와 가짜 사이

우리가 직장이나 사회, 혹은 국가와 같은 조직이나 단체에서 소신껏 자신만의 신앙을 믿고 그 신념을 지키며 삶을 살아간다는 것은 참으로 어려운 일이다. 특히나 생계가 달린 직장생활이나 사회적 관계의 인간관계에서는 타인과의 교류나 소통을 위해서 혹은 동료들과의 조화로운 삶과 단합된 분위기나 그 중요성에서 보면 결코 무시할 수 없는 사안이다. 즉, 조직의 환경이나 분위기 상 상사나 동료들의 시선을 의식하지 않을 수 없고, 자신의 정서적 이상과 사상적 신념을 저버릴 수도 없어서 갈등관계에 놓이거나 딜레마에 빠질 수 있기 때문이다.

따라서 자신이 고수하는 신앙에 대한 확실한 주체성과 말과 행동에 대한 일관성 있는 결단과 태도를 보이며 믿음과 신념을 지키며 산다는 것은 매우 힘든 일이다. 이것은 광의의 관점에서 보면 민족의 주체성과 애국심일 수도 있고, 협의의 관점에서 보면 자신만의 삶의 철학이나 생활신조를 지킨다는 의미일 수 있기 때문이다. 이를 긍정적으로 해석해보면 대의를 위한 적극적이고 능동적으로 보일 수 있으나 비판적으로 보면 자못 고집스럽고 융통성이 없는 틀에 박힌 사람으로 보여서 자신의 믿음과 신념을 시험당하거나 고집불통 외골수로 몰려 왕따의 대상이 되기도 하여 많은 고난과 시련이 뒤따르기도 하고 심지어는 죽음을 당할 수도 있기 때문이다.

하나님의 말씀을 전파하고 그 사랑을 실천하며 십자가에 못 박혀 돌아가신 예수님이나 노예였던 히브리인들을 이끈 모세도 40년 동안 출애굽하기 위해 광야에서 살아야 했으며, 시인 윤동주도 일제 강점기 때 자신이 믿는 신앙과 우리의 언어와 시를 지키기 위해 옥사 당했고, 신사참배를 거부하다 순교 당한 주기철 목사와 조선시대 천주교의 4대 박해 때 신앙생활을 한다는 이유만으로 수십만 명이 순교자가 되었다. 또한 간디는 영국으로부터 인도의 독립과 신앙을 단식과 비폭력으로 지켜내다 암살당했고, 마틴 루터 킹 목사도 미국 흑인들의 인권회복과 신앙을 위해 비폭력 무저항으로 수없이 투옥되다 끝내 암살당했다. 모두 자신만의 신념이나 신앙을 지키며 정의롭게 살다 간 대표적인 신앙인들이다. '누구든지 한 생명을 구하는 사람은 전 세계를 구하는 것과 같다' 라는 『탈무드』에 말처럼 말이다.

사이비(似而非)란 사시이비(似是而非)에서 나온 말로 겉으로는 그럴 듯 하지만 실제로는 그렇지 않는 것을 가리킨다. 액세서리가 보석이 아니듯 가짜가 진짜일 수는 없다. 신부나 목사라고 해서 다 진실한 성직자는 아니다. 그들도 사상과 감정을 가진 우리와 똑같은 한 사람의 인간이다. 사이비 교주나 이단의 사악한 사제들과 성직자의 탈을 쓴 사람이나 진정한 영적 지도자를 판별해낼 수 있는 냉철한 가치관과 인생관의 변별력을 스스로 갖추어야 하는 것은 각자의 몫이다.

하지만 '어물전 망신은 꼴뚜기가 시킨다'는 말처럼 미꾸라지 한 마리가 온 웅덩이를 흐려서야 되겠는가.

어찌되었든 요즘 TV나 인터넷뉴스에 게재된 기사를 보면 존경의 대상이 되어야 할 종교 지도자들의 행태와 만행이 기염을 토할 정도로 신화되고 변신되어 잊을 만하면 반복되어 발생하고 있어 기독교를 믿는 사람으로서 심신이 불편하다. 스피노자의 말처럼 진정한 영적 지도자라면 비록 내일 지구의 종말이 올지라도 한 그루의 사과나무를 심겠다는 사명의식을 가지고 자신의 진실한 신앙을 지키며 참되고 올바른 진리와 언행을 실천에 옮기며 살아가야 하지 않을까.

미완의 꿈으로 남은 청춘의 초상, 그 부끄러움에 대하여

1. 시대가 낳은 비운의 운명공동체

8.15광복절이어서인지 TV에서 영화 〈동주〉(2016)를 했다. 처음부터 시청하지 못한 것이 너무도 아쉬웠지만 윤동주는 내가 좋아하는 시인 중에 한 명이어서 관심 있게 보게 되었다. 강하늘, 박정민 주연에 이준익 감독이 제작한 영화로 감독은 〈왕의 남자〉와 〈사도〉 와 같은 사극뿐만 아니라 〈라디오스타〉나 〈님은 먼 곳에〉 같은 현대극에서도 강한 메시지를 담는 것으로 유명하다. 아마도 감독이 이 영화를 흑백영화로 제작한 것은 일제강점기 시대에 시인이 꿈이었던 윤동주가 시집 한번 제대로 출간해보지 못하고 꽃다운 청춘의 나이로 감옥에서 죽음을 맞이해야 했던 암울한 시대의 이야기이기 때문에 상징적인 메시지를 담기 위한 연출법으로 해석된다.

윤동주와 송몽규는 한집에서 태어나고 자랐으며 소학교부터 일본 유학생활까지 같이 보낸 친구이자 고종사촌지간이다. 그들이 같은 추억을 공유하며 함께 살아왔던 삶처럼 죽음도 같은 후쿠오카형무소에서 비슷한 시기에 죽었을 정도로 그들은 시대가 낳은 비운의 공동체적인 사람이었다. 하지만 윤동주는 우리나라의 말과 글과 이름조차 쓸 수 없는 암울한 시대에도 불구하고 시인을 꿈꾸었고, 송몽규는 신춘문예에 당선이 되어 시인이 되었지만 그런 비극의 시대를 바꾸어보려고 몸을 아끼지 않고 뛰어다녔던 독립투사였을 정도로 서로의 성향은 몹시 달랐다.

윤동주 하면 '죽는 날까지 하늘을 우러러/ 한 점 부끄럼이 없기를, / 잎새에 이는 바람에도/ 나는 괴로워했다.'라는 「서시」가 먼저 떠오를 정도로 윤동주는 "부끄러움의 시인"으로 불려지곤 한다. 그만큼 윤동주가 자신시집 『하늘과 별과 바람과 시』를 준비하면서 서문으로 썼던 이「서시」는 윤동주가 동시대적으로나 개인사적으로 추구하고자 하는 인생의 가치 이념과 철학이 녹녹히 배어 있으며 그것들을 마음대로 펼쳐볼 수 없을 때 느껴지는 생의 고뇌와 번민이 이 한 편의 짧은 시 속에 잘 함축되어 있는 것이다.

2. 미완의 꿈으로 남은 청춘의 초상, 그 부끄러움

『윤동주 평전』을 쓴 송몽규의 조카인 소설가이면서 역사학자인 송우혜 선생은 '부끄럼이란 것은 인간이 지닌 일상적인 정시라기보다는 인간의 실존 그 자체에 관한 성찰의 양식'이며, '부끄럼이란 것은 모든 불완전한 존재들이 그들의 불완전함을 슬퍼하는 참회의 방식에 다름 아니'며 '그렇게 마주 서 본 경험이 없는 한 이토록 가슴을 치는 절창은 솟아날 수 없다'라고 했다

윤동주 시인이 평양 숭실중학교에서 보낸 칠 개월은 한창 감수성이 예민한 열여덟 살 사춘기 소년 시절로 정서적으로 성숙해지기 시작한 시기였다. 역사적으로는 식민지 지식인으로서 지배를 받는 입장에서 늘 경계의식을 갖고 눈치를 보고 긴장해 있어야 했으며, 개인적으로도 낯선 타지에서의 생활과 객지에서 느껴지는 이방인 같은 외로움과 편입시험에서의 좌절을 통해 심리적으로도 많이 위축되어 혼란과 불안이 팽배해 있었던 시기였다.

당시 그 역사적 혼돈의 소용돌이 속에서 총부리와 칼부림 앞에서 얼마나 많은 지식인들이 죽고 변절했던가. 그 가슴 아픈 울분을 가득 안고 어찌 하늘을 우러러 괴로워하지 않을 수 있으며 이 나라와 민족과 예수그리스도와 십자가, 그리고 자유롭게 꿈을 펼치며 쓰고 싶은 시를 생각을 하며 어찌 부끄러움을 느끼지 않을 수 있단 말인가.

루시 말로리는'사람들 앞에서 부끄러워하는 것은 선한 감정이다. 그러나 자기 자신 앞에서 부끄러워하는 것은 더 한층 아름다운 감정이다'라고 했다. 탈무드에도'부끄러움이란 사람들이 가지고 있는 자랑거리의 하나이다. 남 앞에서 부끄러워하는 사람과 자기 앞에서 부끄러워하는 사람 사이에는 커다란 거리가 있'으며, '부끄러워할 줄 아는 사람은 여간해서 죄를 범하지 않는다.'라는 말도 있다.

윤동주 시인은 자기 자신 앞에서 부끄러워하는 정직하고 순수한 사람이었다. 암울한 시대에 식민지의 아들로 태어나 지식인으로 책상 앞에서 시를 쓰고 예수를 믿으며 살고 싶은 소박한 생각에 부끄러워했을 것이고, 사촌이기도 하지만 친구인 송몽규처럼 빼앗긴 조국을 되찾기 위해서 불철주야 적극적으로 행동하는 애국심 앞에서 열등감을 느끼며 부끄러워했을 것이며, 일제에 대항하며 비장하게 떠나는 또래의 학우들과 아무런 죄 없이 무참하게 죽어가는 민족의 동포들 앞에서도 어떻게 할 수 없는 무력감 앞에서 한없이 초라해져 부끄러워했을 것이다. 하지만 조국과 민족 앞에 그리고 시와 자기 자신의 한 가닥 남은 자유의지의 양심 앞에서나마 부끄러움 없이 남기 위해 서슬 퍼런 일본인들의 총칼의 위협에도 끝까지 친일을 하지 않고 결연한 죽음을 받아들임으로써 그 순결한 의지를 보여준 몇 안 되는 지식인이었다.

그의 그런 부끄러움의 정서가「서시」외에도 여러 곳에서 나타난 것을 확인할 수 있다.

> '생은 살기 어렵다는데/ 시가 이렇게 쉽게 씌여지는 것은/ 부끄러운 일이다.' -「쉽게 씌여진 시」의 일부 -

> '파란 녹이 낀 구리 거울 속에/ 내 얼굴이 남아있는 것은 어느 왕조의 유물이기에/ 이다지도 욕될까 /〈중략〉/ 내일이나 모레나 어느 즐거운 날에/ 나는 또 한 줄의 참회록을 쓰야 한다./ 그때 그 젊은 나이에/ 왜 그런 부끄런 고백을 했던가 하고 -「참회록」의 일부 -

> '딴은 밤을 새워 우는 벌레는 / 부끄러운 제 이름을 슬퍼하는 까닭입니다.' -「별 헤는 밤」의 일부 -

시인이 되고 싶었지만 시인이 되지 못했고, 조국의 독립마저 보지 못했으며, 스물여덟 살이라는 젊은 청춘으로 우리나라를 식민지화한 타국 땅의 차가운 감옥에서 생체실험으로 쓸쓸하게 생을 마감해야 했던 가엾은 청년, 현실적인 삶이 녹녹치가 않은데 시가 너무도 쉽게 써져 그것마저 부끄러웠던 순수하고 맑은 영혼의 소유자, 창씨개명을 강요해서 일본 유학길에 올랐는데 그 유학한 연희전문학교에서 어쩔 수 없이 창씨개명을 해야만 했던 윤동주! 어느 왕조의 유물처럼 오래된 역사 앞에 부끄러운 고백을 하지 않을 수 없는 참회의 마음을 풀어놓고 있다. 그래서 밤을 새워 우는 벌레처럼 그 부끄러운 이름 앞에서 한없이 슬퍼하며 울고 싶었던 것이리라.

인간은 누구나 자신을 상대하는 대상자가 인권을 탄압하고 폭력과 권력을 행사하는 지배자일 경우, 그 거대한 실체로부터 강한 억압과 감시와 통제 속에 공포와 불안을 느끼게 되고 심리사회적 관계에서도 안으로 위축되어 낮은 자존감과 우울한 마음을 가지게 되기 마련이다. 더욱이 우리의 말과 글도 사용하지 못하고 심지어는 부모님이 지어주신 이름마저 사용하지 못하거나 호명되지 못한다면 어떻게 우리의 의사를 자유롭게 표현할 수 있으며 이루고자 하는 꿈과 소망과 창의적인 재능을 발휘하여 생산할 수 있겠는가. 더욱이 자유롭게 먹지도 못하고 죄인 아닌 죄인으로 원형감옥 같은 삶속에서, 강한 통제와 검열을 받으며 어떻게 수치심과 죄의식을 느끼지 않을 수 있으며 자유의지의 시를 쓸 수 있었겠는가.

더욱이 한집에서 자란 사촌이면서 친구인 몽규가 시인이 꿈이었던 동주보다 먼저 신춘문예에 당선되고 그것을 옆에서 지켜본 동주는 얼마나 열등감과 절망감을 느끼며 갈등과 번민에 휩싸였을까. 신춘문예에 당선이 되고도 시 쓰기보다 조국의 독립을 위해 고군분투하는 모습을 지켜보며 죄의식과 내면화 된 수치심에 얼마나 밤하늘을 우러르며 회의감과 고뇌에 찬 밤을 보냈을까. 오죽했으면 「십자가」라는 시에서"종소리도 들려오지 않는데/ 휘파람이나 불며 서성거리다가,// 괴로웠든 사나이,/ 행복한 예수 그리스도에게/처럼/ 십자가가 허락된다면/ 모가지를 드리우고/ 꽃처럼 피어나는 피를// 어두어가는 하늘밑에 조용히 흘리겠습니다.// "라고 뼈에 저린 아픔과 슬픔과 무력감과 좌절을 시로 옮겼을까.

그만큼 영화 〈동주〉는 윤동주와 송몽규를 중심으로 그들의 현실과 이상, 꿈과 소망, 삶과 죽음, 그리고 그러한 것들이 펼쳐지는 과정과 그 활약상을 닮은 듯 서로 다른 성향까지 시대의 아픔과 절망과 못다 이룬 미완의 꿈과 청춘의 초상이 애틋한 한 편의 서정적인 시처럼 담담한 흑백화면 속 긴 울림과 함께 마음에 여백을 남긴 좋은 영화였다.

오경옥 제2수필집
그리운 것들은 모두 풍경을 만든다

인 쇄 2020년 12월 7일
발 행 2020년 12월 11일
지은이 오경옥
펴낸이 김서종

펴낸곳 도서출판 북매니저
전주시 완산구 메너머4길 25-6
전 화 063-226-4321
팩 스 063-226-4330

출판등록 제 95-3호
전자우편 102030@hanmail.net

저자와의 협의, 인지는 생략합니다.
잘못된 책은 바꿔드립니다.

값 12,000원

ISBN 978-89-6036-455-4

이 도서의 국립중앙도서관 출판예정도서목록(CIP)은 서지정보유통지원시스템 홈페이지(http://seoji.nl.go.kr)와 국가자료공동목록시스템(http://www.go.kr/kolisnet)에서 이용하실 수 있습니다. (CIP제어번호: CIP2020050576)

※ 이 책은 2020년도 전라북도문화광재단의 코로나19 극복 특별 창작활동비를 지원받아 출간하게 되었습니다.

Printed in KOREA